LA
PETITE MÉNAGÈRE,
OU
L'ÉDUCATION MATERNELLE.

Tout exemplaire qui ne sera pas revêtu de ma signature, sera réputé contrefait.

IMPRIMERIE DE FAIN, PLACE DE L'ODÉON.

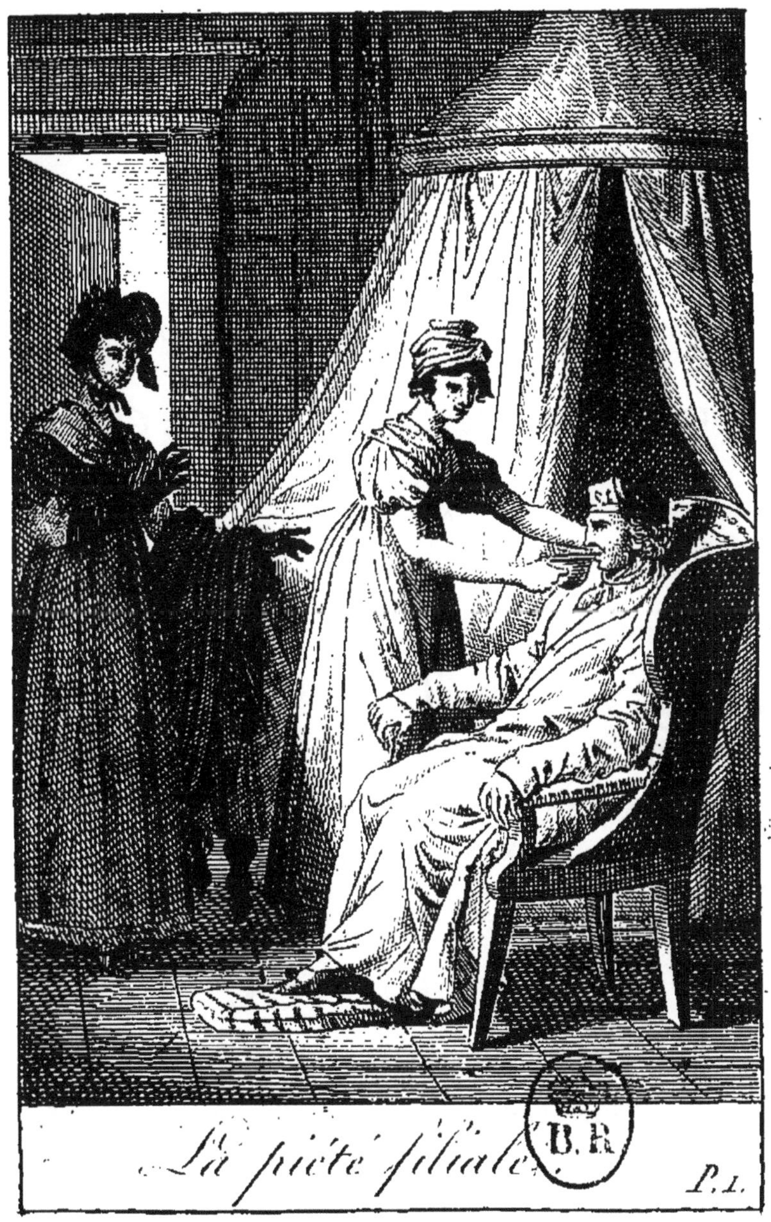

La piété filiale.

P. 1.

LA
PETITE MÉNAGÈRE,
OU
L'ÉDUCATION MATERNELLE;

PAR MADAME DUFRENOY.

Ouvrage orné de vingt-quatre jolies Gravures.

TOME SECOND.

A PARIS,
A LA LIBRAIRIE D'ÉDUCATION
D'ALEXIS EYMERY, rue Mazarine, n°. 30.

1816.

LA

PETITE MÉNAGÈRE,

OU

L'ÉDUCATION MATERNELLE.

CHAPITRE XIII.

La Piété filiale.

M. Derbach, acquéreur des manufactures de M. Dorrifourth, était Français d'origine, et venait de perdre son père, qui, par son testament, avait légué un diamant de trois mille francs à M. le baron de Folleville, ancien colonel dans le régiment des gardes du roi de France. M. Derbach chargea M. Dorrifourth d'acquitter ce legs.

Le premier soin de ce dernier, dès son arrivée à Paris, fut de s'informer du baron. Après beaucoup de recherches infructueuses, il découvrit enfin que M. de Folleville habitait le village de Verrières, sis à peu de distance de Versailles.

Verrières est très-renommé à cause de la magnificence de ses bois. On entrait dans les beaux jours du printemps : M. Dorrifourth proposa à ses compagnes de faire avec lui cette petite course ; Camille appuya la proposition ; et le lendemain même toute la famille partit, de grand matin, pour se rendre à Verrières. Le titre et le grade de M. de Folleville le présentaient à Camille sous l'image d'un noble très-opulent. Elle croyait aller visiter un antique château, et se faisait une idée délicieuse et de la brillante réception que leur ferait le vieux seigneur, et des anecdotes qu'elle pourrait recueillir de sa bouche sur les personnes de la cour. Pendant qu'elle jouissait d'avance des plaisirs que lui promettait cette journée, la voiture entra dans le hameau. Quelle fut la surprise de Camille! une paysanne, à qui M. Dorrifourth s'informa de la demeure de M. de Folleville, lui montra une chaumière dont les murs venaient d'être recrépis. Ne vous trompez-vous pas? demanda Camille en rougissant.—Oh! non, mademoiselle, c'est bien là, répondit la paysanne avec l'accent de la pitié. M. Dorrifourth sentit qu'il serait inconvenable de se présenter quatre personnes chez le pauvre baron, et commanda au cocher de le conduire à une auberge. Nous sommes un peu désappointés, dit-il aux dames en souriant; mais qui sait si notre mésaventure n'aura point une heureuse issue? Entrons d'abord ici, déjeunons, ensuite nous aviserons à la conduite que nous devons tenir.

Le repas, composé de lait, de beurre, de fromage et d'œufs, fut bientôt préparé; on se mit à table. Camille rêvait tristement et ne mangeait point. M. Dorrifourth cherchait en vain à la distraire de ses pénibles réflexions, quand la paysanne, qui leur avait indiqué l'humble demeure de M. de Folleville, vint leur offrir un panier d'abricots à acheter. Ils sont superbes, dit M. Dorrifourth. — Vraiment, reprit la paysanne, vous en chercheriez inutilement d'aussi beaux dans tout le canton à quatre lieues à la ronde. L'arbre qui les produit a été planté par mademoiselle Annette, en 1764; elle avait alors quatre ans : hélas! la pauvre enfant ne se doutait pas qu'un jour cet arbre deviendrait une ressource pour elle et pour son père. — Maman, dit vivement Camille, vous aimez les abricots; permettez-moi de vous faire présent de ceux-ci. — Volontiers, répondit la comtesse. — Combien les vendez-vous? demanda Camille à la paysanne. — Quatre francs. — Les voici, répliqua Camille, en lui glissant une pièce d'or dans la main. — Je n'ai pas de quoi vous rendre. —

Gardez le tout, je vous prie. — Oh! mademoiselle de Folleville ne l'accepterait pas. Elle est douce, bonne, mais un peu fière : il faut lui pardonner ; son père a possédé une grande fortune, un rang à la cour ; il était seigneur de trois paroisses ; M. le curé l'encensait à la grand'messe, et, lorsqu'il arrivait dans ses terres, tous ses vassaux s'empressaient d'aller à sa rencontre ; notre maître d'école, en habits de dimanche, le haranguait pendant plus d'une grande heure. On tirait des pétards, on chantait, on jouait du fifre, du tambourin ; on lui rendait des honneurs ni plus ni moins qu'au roi, c'était magnifique à voir ; et mademoiselle Annette, quoique bien jeune alors, se souvient de tout cela. — Par quel événement, demanda Camille très-émue, M. de Folleville a-t-il perdu ses biens? — Par le plus cruel de tous, répondit la paysanne, les larmes aux yeux. — Brave femme, dit M. Dorrifourth, asseyez-vous, buvez ce verre de vin, et dites-nous ce que vous savez sur M. de Folleville ; j'ai intérêt à m'en instruire. La paysanne prit un siége, but à la santé de la société, et prit la parole en ces termes :

HISTOIRE DU BARON DE FOLLEVILLE.

Nous avons cinq doigts dans la main, aucun ne se ressemble : l'épouse de M. le baron était la plus vertueuse et la meilleure des femmes ; sa bourse s'ouvrait continuellement aux pauvres ; elle payait un médecin chargé de les soigner, et venait souvent s'informer par elle-même de leur état. Aussi, femmes, enfans, vieillards, suivaient son cercueil en poussant de sourds gémissemens ; lors de ses funérailles, les dons généreux qu'elle légua par son testament, ne consolèrent personne de sa perte ; excepté son frère, M. le marquis de Montfort, qui, le lendemain même de la mort de sa sœur, exigea du baron la somme qu'elle lui avait laissée. M. de Montfort était le plus vicieux et le plus méchant des hommes : il intenta un procès à son propre père, poursuivit injustement plusieurs de ses fermiers et les fit jeter en prison, tua trois paysans pour avoir chassé sur ses terres, et commit encore d'autres horreurs qui demeurèrent impunies, parce qu'il était puissant et riche. Mais, si la justice des hommes a divers poids et diverses mesures, la justice de Dieu venge tôt ou tard le petit des attentats du grand.

M. de Montfort se prit un jour de querelle avec un de ses égaux, et se permit de le traiter comme il traitait ses inférieurs; il s'ensuivit un procès criminel. Le marquis s'enfuit aux îles; il y resta jusqu'à l'époque où son adversaire consentit à se dessaisir de sa plainte. Cette aventure ne corrigea point le marquis ; bientôt, après son retour en France, il se livra à de nouveaux excès, et, devenu l'associé de fripons, il fabriqua, au nom de M. de Folleville, de fausses lettres de change pour des sommes immenses. Le baron aima mieux se dépouiller de tout ce qu'il possédait, que de livrer à l'infamie le frère de sa femme, et de porter ainsi atteinte à l'honneur de sa famille. Les chagrins multipliés du baron lui causèrent une longue maladie à la suite de laquelle il devint paralytique de tous ses membres. Cependant, résigné à son sort, il vivait tranquille dans la petite ferme qui lui restait. Les tendres soins de sa fille, âgée de seize ans, le consolaient de ses souffrances; il voyait d'ailleurs chaque habitant de ce village lui montrer encore plus de vénération que par le passé; on se souvenait de ses bienfaits. Mais ses malheurs n'étaient pas à leur terme. Vers la fin du mois d'août de l'avant-dernière année, le tonnerre tomba pendant la nuit sur sa ferme; la maison, les granges, les écuries, les autres bâtimens et la récolte entière devinrent la proie du feu; les efforts réunis de la population de cinq villages ne parvinrent à l'éteindre qu'au moment où le baron avait tout perdu : heureusement on a sauvé sa vie. Je me rappellerai jusqu'à mon dernier soupir cette épouvantable scène : mademoiselle de Folleville, demeurée dans la chambre de son père où les flammes commençaient à pénétrer, et ne pouvant seule l'arracher au danger qui le menaçait, s'abandonnait au désespoir : tantôt, se montrant à la fenêtre, elle nous criait, d'un ton à nous fendre le cœur : Mes enfans, mes amis, au nom de Dieu, vite une échelle ; mes bons amis, de grâce, pressez-vous ; mon père, mon digne père va périr ; tantôt, à genoux auprès du lit de M. de Folleville, elle priait et jetait des cris lamentables. Pendant ce court, mais terrible intervalle, notre zèle pensa être funeste au baron ; on se précipitait en foule pour courir à son secours, de manière que trois échelles se rompirent, l'une après l'autre, sous le poids dont elles se trouvèrent chargées. Enfin, la Providence permit qu'on parvînt à enlever M. de Folleville de sa chambre, peu de minutes avant que le plafond s'écroulât. Le brave homme, plus mort que vif, et placé sur un fauteuil qu'on porta en brancard, fut conduit chez M. le curé. Il demeura long-temps insensible à tous les soins qu'on lui prodiguait; l'avenir de sa fille le faisait trembler. Quant à mademoiselle de Folleville, elle n'éprouvait qu'un sentiment, la joie d'avoir dérobé son père au trépas le plus horrible. Dieu ne vous a pas ravi à mon amour, lui répétait-elle sans cesse, il me protégera ! Je tiens de vous et de ma mère des richesses qu'aucun événement ne peut m'ôter : la piété, la résignation, et le courage.

M. le curé voulait garder chez lui le baron et sa fille; mademoiselle s'y refusa : Nous mangerions le pain du pauvre, dit-elle; je suis jeune et forte, je travaillerai.

Cependant on retrouva sous les décombres de l'habitation de M. de Folleville, la valeur d'environ cent louis en or; avec cette somme, mademoiselle acheta la maison, la vache, le cochon, et les poules de François, premier charretier de son père, qui se retirait dans un autre hameau. Dès qu'elle eut fait arranger dans cette indigente demeure une chambre commode pour le baron, elle s'empressa d'aller s'y établir avec lui. Toutes les femmes du village lui offrirent gratuitement leurs services; elle accepta les miens, parce que j'eus autrefois l'avantage d'être fille de basse-cour dans un des châteaux de feu sa mère; mais elle exigea que j'en acceptasse le prix, et me paye toujours plus cher qu'un autre ne ferait; ce qui m'afflige beaucoup, je vous assure. J'ai peu de chose à moi; mais, nourrie et logée, de quoi ai-je besoin? Je n'ai pas de famille; à quoi bon amasser? nous n'emportons rien avec nous dans la terre. — Mademoiselle de Folleville est heureuse au moins en son malheur de vous avoir avec elle, dit madame Mallebois. — C'est moi, répondit la paysanne qui suis heureuse de la servir : elle sera cause que j'irai en paradis ; car elle m'a corrigée de mes défauts, et cela sans me gronder, mais par la peur que j'ai de la fâcher. Je vois d'abord quand elle est mécontente, parce qu'au lieu de m'appeler Jeannette tout court, elle me dit, mademoiselle Jeannette ; et j'aimerais mieux cent fois être battue que d'entendre ce vilain mot sortir de sa bouche. — Brave Jeannette, répliqua M. Dorrifourth attendri, vous êtes digne de votre maîtresse. — Oh! Monsieur, personne n'en est digne. Si vous la voyiez dès le point du jour travailler au jardin, traire la vache, faire les fromages, le beurre ; puis ensuite laver avec soin sa jolie figure et ses mains délicates, et venir, le sourire sur les lèvres, lever, habiller son père, vous seriez en admiration devant-elle. — Quoi! s'écria madame Malbois, mademoiselle Folleville fait tout cela? — Vraiment oui, répondit la paysanne, et beaucoup d'autres choses encore. Dès qu'elle a terminé les gros travaux, elle coud, tricote, file, ou brode; et, si son père la plaint de ses fatigues, elle répond qu'elle n'a jamais été plus satisfaite de sa situation. Le fait est qu'un rien la contente: hier, par exemple, François est venu à la maison; il faisait un temps superbe, mademoiselle a profité de la visite du charretier pour faire descendre monsieur le baron dans le jardin; nous l'avons transporté auprès de l'abricotier de mademoiselle. Que cet arbre est beau! s'est écrié le respectable vieillard.—Dame! a répondu François, je l'ai soigné de mon mieux; j'avais plus d'une raison pour le chérir! d'abord, c'est mademoiselle qui l'a planté en s'amusant; et puis il nous rapportait, bon an, mal an, neuf à dix écus; en outre, il donne de l'ombrage; aussi dans la belle saison ma femme dressait sa table dessous, nous y prenions nos repas, et le jour de la Sainte Anne nous y buvions bouteille en l'honneur de mademoiselle. — Eh bien! François, il faudra cette année venir en faire autantet ; sous cet arbre, aux côtés de ma fille fêtée par un ancien et loyal serviteur, je ne regretterai pas les bosquets de mon parc.—Cet endroit vous plaît donc? demanda ma maîtresse.—Je m'y trouve à merveille, répondit le baron ; l'air y est excellent, il m'a fait du bien, en vérité je me sens rajeuni. Mademoiselle de Folleville enchantée amusa son père de cent contes divertissans, jusqu'à l'instant où François, obligé de partir, nous aida à remonter le vieillard dans sa chambre.

Vers les neuf heures du soir nous couchâmes ainsi que de coutume le baron. Lorsqu'il fut endormi, mademoiselle me dit : Jeannette, mon père ne mange pas d'abricots, nous cueillerons demain tous ceux qui sont mûrs, et tu iras les vendre. — Les vendre ? vous les aimez tant mademoiselle!...—As-tu remarqué combien mon père était gai ce soir?—Sans doute; je m'en suis réjouie presque autant que vous ; c'est dommage qu'on ne puisse pas le descendre souvent au jardin. — Les obstacles qui s'y opposaient seront levés. — Comment donc ? — J'emploierai l'argent des abricots à payer un homme du village, afin qu'il rende à mon père le service que François lui a rendu aujourd'hui. — Il n'est pas besoin d'argent, mademoiselle ; il suffit qu'on sache que cela vous est agréable, nous ne manquerons pas de bras. — Je le sais, Jeannette ; mais toute peine mérite un salaire, et je ne veux pas que personne me fasse présent du sien. En cet instant du récit de Jeannette, l'horloge de la paroisse se fit entendre. Déjà onze heures ! s'écria la paysanne. Bon Dieu ! je suis restée bien long-temps dehors. Mesdames, monsieur, je vous salue. Jeannette prit ses quatre francs et s'en alla.

Cette histoire est fort touchante, dit madame Mallebois ; quel admirable dévouement! — Rien ne m'étonne plus en ce genre, répliqua M. Dorrifourth, en regardant madame de Melzi; un ancien a dit : *Le cœur d'une mère est le chef-d'œuvre de la nature*. Moi, je pense qu'il aurait dû dire : *Le cœur d'une femme vertueuse est le chef-d'œuvre de la nature*.

Camille approuva M. Dorrifourth par un regard; la modestie de la comtesse se refusait à suivre cette conversation : en conséquence, elle l'interrompit en demandant à M. Dorrifourth s'il ne se préparait point à se rendre chez le baron. J'y vais sur-le-champ, répondit-il. Camille sollicita et obtint la permission de l'accompagner. Mesdames Mallebois et de Melzi leur donnèrent rendez-vous dans le bois de Verrières.

Lorsque Camille et M. Dorrifourth se présentèrent à la porte de M. de Folleville, ils furent reçus par Jeannette, qui les conjura de ne pas parler de l'entretien qu'elle venait d'avoir avec eux. Le secret d'un infortuné, répondit M. Dorrifourth, est inviolable ; l'homme d'honneur ne le rèvèle à personne. Sur cette assurance, Jeannette conduisit M. Dorrifourth et Camille, par un escalier étroit et roide, à la chambre du baron.

Mademoiselle de Folleville s'occupait dans cet instant à faire boire un bouillon à son père, qui sortait d'éprouver une faiblesse générale. L'aspect des étrangers ne la détourna point de son pieux devoir; elle se contenta de leur adresser un mot d'excuse, en leur faisant signe de prendre des siéges.

La figure de la Madone, peinte par Raphaël, ne donnerait encore qu'une idée imparfaite de l'angélique figure de mademoiselle de Folleville ; M. Dorrifourth, ébloui de sa beauté, demeura immobile, et Camille ne pouvait se lasser de contempler le tableau qui s'offrait à ses yeux. Le baron, assis dans un grand fauteuil, avalait avec difficulté la boisson contenue dans le vase que sa fille lui présentait d'une main, tandis que de l'autre elle soutenait sa tête vénérable. Quand M. de Folleville eut achevé de boire, il calma l'inquiétude de sa fille, en l'assurant qu'il allait beaucoup mieux. Le besoin seul a produit ce malaise passager, ajouta-t-il. — Une autre fois, répondit mademoiselle de Folleville, je ne m'en reposerai pas sur autrui. Je n'avais pas entendu sonner l'heure, et je croyais Jeannette auprès de vous : combien je suis coupable! C'est nous qui le sommes, pensèrent avec regret Camille et M. Dorrifourth.

Ce dernier, après les complimens d'usage, rendit compte au baron du motif de sa visite. M. de Folleville parut très-affligé de la mort de son ancien ami, et très-sensible à son souvenir. Hélas! dit-il, tous les compagnons de mon adolescence sont descendus dans la tombe; seul, je leur ai survécu, si c'est toutefois vivre que d'être privé des facultés les plus précieuses. Mademoiselle de Folleville soupira : Camille, presque aussi affectée qu'elle, lui prit la main et la posa sur son cœur : la douce Annette répondit à cet élan de sensibilité par un regard qui apprenait à Camille que leurs âmes s'étaient comprises.

M. Dorrifouth remit adroitement l'entretien sur des sujets agréables : les vieillards, ainsi que les enfans, sont faciles à distraire ; ils passent aisément de la douleur à la joie. Le nuage qui venait de couvrir le front de M. de Folleville s'éclaircit promptement ; et sa fille, qui n'avait de chagrin ou de plaisir que ceux de son père, recouvra sa sérénité habituelle.

On se sépara, enchanté les uns des autres : M. Dorrifourth promit de revenir dans l'après-midi avec mesdames Mallebois et de Melzi, et ne manqua point à sa parole. Pendant cette seconde visite, Camille se promena long-temps avec mademoiselle de Folleville : la jeunesse est communicative. Mademoiselle de Folleville, éloignée d'ailleurs de toute société, jouissait avec transport de celle de Camille ; le besoin d'épancher son cœur dans un cœur qui l'entendît, provoqua sa confiance. En devenant dépositaire des secrets de mademoiselle de Folleville, Camille sentait redoubler son enthousiasme pour la vertu ; et ce premier entretien, entre deux jeunes personnes nourries des mêmes principes, devint la base de l'amitié qui devait toujours les unir.

De leur côté, M. Dorrifourth et mesdames Mallebois et de Melzi, désiraient cultiver leur nouvelle connaissance, et Verrières devint leur promenade favorite.

CHAPITRE XIV.

La Cuisine.

TANT que dura la belle saison, mesdames Mallebois et de Melzi ne laissèrent jamais s'écouler une semaine sans aller passer une journée entière chez M. de Folleville; elles emportaient quelques provisions, et les deux familles dînaient ensemble sous un berceau de vigne placé au milieu du petit jardin, vis-à-vis l'abricotier.

Ces repas champêtres leur semblaient délicieux. Cependant le plaisir de Camille n'était pas sans mélange; tous les embarras, toute la fatigue, retombaient sur mademoiselle de Folleville, dont les forces n'égalaient pas le courage. Camille résolut de se mettre en état de l'aider, et confia son projet à sa grand'maman : Je ne puis plus supporter, lui dit-elle, de voir Annette seule chargée des détails assujétissans du ménage; n'est-il pas juste que je partage ses travaux, quand je lui dois tant d'agrémens; et ne suffit-il pas qu'elle soit pauvre, pour que je me fasse un devoir d'agir envers elle avec délicatesse?—Je ne te cacherai pas, répondit madame Mallebois, que ta mère et moi nous avions cherché, mais inutilement, un moyen de soulager mademoiselle de Folleville des soins pénibles que nous lui causons; nous ne pouvions, sans crainte de l'humilier, mener chez elle un de nos domestiques; nous ne pouvions non plus lui proposer nos propres secours, elle n'eût pas consenti à les recevoir : à toi seule, sa compagne, son amie, était réservé l'avantage de lui être utile dans cette circonstance; mais comment t'y prendras-tu ?—Si maman et vous me le permettez, je ferai d'abord notre cuisine. —Vraiment, dit madame Mallebois en riant, nous risquons de ne pas nous trouver trop bien de cet arrangement.—Oh!

ne tremblez pas, vous ne mourrez point encore de faim avec moi ; j'ai regardé attentivement mademoiselle de Folleville ; j'ai lu, non moins attentivement, la Cuisinière Bourgeoise, et je crois pouvoir vous donner plusieurs fois à dîner, en variant toujours vos mets. — Eh bien ! nous en essaierons.

La soupe.

Le lendemain Camille ordonna qu'on fît emplette de la viande la plus brune et la plus fraîche tuée, parce qu'elle donne plus de goût au bouillon; elle recommanda que ce fût de la tranche ou de la culotte. Quand sa viande fut bien écumée, elle sala son bouillon, mit dans la marmite toutes sortes de légumes bien épluchés et bien lavés, comme céleri, ognons, carottes, panais, poireaux ; elle fit bouillir tout doucement son bouillon jusqu'à ce que la viande fût cuite, le passa ensuite dans un tamis; puis elle plaça des croûtes dans une soupière, versa le bouillon dessus, les laissa tremper pendant quelques minutes, et, de cette manière, composa une excellente soupe.

Camille servit ensuite, pour entrées, un hachis et une fricassée de poulets.

Le hachis.

Elle prit des restes de volaille, de gibier et de viande de boucherie; elle les hacha le plus menu possible, mit dans une casserole un morceau de beurre, du persil, de la ciboule, deux échalottes hachés très-fin; les passa sur le feu et y jeta une pincée de farine mouillée avec un demi-verre de bouillon et avec autant de jus; elle y ajouta du sel, du gros poivre; fit bouillir le tout un quart d'heure, y mit ensuite la viande pour la faire chauffer, sans qu'elle bouillît, crainte qu'elle ne se racornît; lia la sauce avec un peu de coulis; et, pour parer son hachis, plaça des croûtes autour.

Fricassée de poulets.

Camille avait choisi deux poulets communs, bien en chair; elle les flamba, les éplucha, les vida, coupa séparément tous les membres, et les mit tremper dans une eau un peu tiède pour les faire dégorger; elle y mit aussi les foies après avoir retiré l'amer, fendit les gésiers pour ôter ce qui est dedans, mit les pates sur de la braise pour les dégager de leur peau, coupa les ergots, les cous, et sépara en deux la tête. Les poulets étant bien dégorgés, elle les mit égoutter sur un tamis, les plaça dans une casserole avec un morceau de bon beurre, un bouquet de persil, de la ciboule, une feuille de laurier, un peu de thym, du basilic, deux clous de girofle, des champignons et une tranche de jambon; passa le tout sur un bon feu, jusqu'à ce qu'il ne s'y trouvât presque plus de sauce, y mit une bonne pincée de farine mouillée d'un peu d'eau chaude, assaisonna le tout de sel, de gros poivre, le fit cuire et réduire à peu de sauce. Lorsque Camille fut prête à servir sa fricassée, elle y mit une liaison de trois jaunes d'œufs délayés avec de la crème, la plaça sur le feu de manière à ce qu'elle ne pût bouillir, afin que sa sauce ne tournât point; elle y mit ensuite un filet de vinaigre, et dressa sa fricassée, les abattis dans le fond, les cuisses et les ailes dessus, arrosa le tout avec la sauce, et plaça autour les petits ognons et les champignons. Pour que la fricassée fût d'un plus beau blanc, elle avait ôté la peau des poulets avant que de les couper par membres.

Le rôt était de perdrix rouges; elle les éplucha, les flamba, les vida et les mit à la broche.

Elle donna pour entremets des œufs à l'eau, et des beignets.

Œufs à l'eau.

Elle prit une casserole, mit dedans une chopine d'eau, un peu de sucre, de l'eau de fleur d'oranges, de l'écorce de citrons verts, et fit bouillir le tout à petit feu pendant un quart d'heure, le mit ensuite refroidir, jeta dans une autre casserole sept jaunes d'œufs, les délaya avec ce qu'elle avait mis refroidir; les passa au tamis, et les fit cuire au bain-marie, dans le plat où ils devaient être servis; elle eut soin qu'ils fussent un peu tremblans, sans qu'il se trouvât cependant de l'eau dans le fond.

Les beignets.

Elle prit des pommes de reinette, qu'elle coupa en quatre quartiers, en retira la peau et les pépins, les fit mariner deux ou trois heures avec de l'eau-de-vie, du sucre, de l'écorce de citron vert, de l'eau de fleur d'orange; quand les pommes eurent bien pris goût, elle les fit égoutter, les mit ensuite dans un torchon blanc avec de la farine, les remua bien dedans pour les en envelopper, les fit frire de belle couleur, et les glaça avec du sucre et une pelle rougie.

Mesdames Mallebois et de Melzi trouvèrent le dîner excellent; jamais elles n'avaient mangé de meilleur appétit. Puisque vous ne vous défiez plus de mon talent, leur dit Camille, je garderai le tablier tout le mois.

Le jour suivant, Camille, jalouse de tenir sa promesse, composa son dîner différemment que la veille : elle servit une soupe aux choux, un miroton, de la raie, une poularde à la broche, des artichauts, et des petits pois.

Soupe aux choux.

Elle prit la moitié d'un chou, qu'elle fit blanchir avec un morceau de petit lard coupé en tranches tenant à la couenne, ficela le tout, chacun en son particulier, les fit cuire à part dans une petite marmite avec du bouillon. Quand le chou et le petit lard furent cuits, elle fit mitonner le potage avec le bouillon, et des croûtes de pain, servit le chou autour du potage avec le petit lard, prenant attention de saler très-peu le bouillon à cause du petit lard.

Miroton.

Elle prit le bœuf qui lui restait de la veille, le coupa par tranches fort minces, mit dans le fond d'un plat deux cuillerées de coulis, du persil, de la ciboule, des câpres, des anchois, une petite pointe d'ail, le tout haché très-fin, mit du sel, du gros poivre; arrangea dessus ses morceaux de bœuf, les assaisonna par-dessus, comme elle avait fait dessous, couvrit son plat, mit le tout bouillir doucement sur un fourneau pendant une demi-heure, et servit à courte sauce.

La raie.

Elle avait choisi de la raie bouclée parce qu'elle est la plus estimée et la meilleure; elle la mit cuire dans un chaudron, avec de l'eau, du vinaigre, un peu de sel, et quelques tranches d'ognon, après avoir bien lavé la raie avec de l'eau fraîche, et après avoir ôté l'amer du foie. Elle lui fit faire seulement deux bouillons pour qu'elle ne cuisît point trop; elle la retira, ensuite la posa sur un plat pour l'éplucher, et en coupa les bords pour la propreté.

Comme elle ne se trouvait pas cuite, ainsi que Camille s'en aperçut, parce que la chair en était trop ferme, et que l'arète en était rouge, ce qui n'arrive pas à la raie bien fraîche, notre jeune cuisinière remit son poisson sur un fourneau avec un peu de son court bouillon; quand elle l'égoutta elle mit dessus une sauce avec du beurre, des câpres et des anchois.

La poularde.

Elle la pluma, coupa sa peau sur le derrière du cou, détacha légèrement la poche d'avec la peau pour l'ôter sans déchirer la volaille, passa ensuite son doigt dans le trou du briquet, troussa la volaille en la courbant pour détacher ce qui était dans le corps, en fit sortir les boyaux, le foie et le gésier; agrandit ensuite le trou auprès du croupion, et vida en douceur la poularde pour ne pas la déchirer, ayant soin d'ôter l'amer du foie, et le dedans du gésier; puis elle la flamba, la retroussa, la barda et la mit à la broche; quand elle fut rôtie, Camille la posa sur un plat et mit du cresson autour.

Les petits pois.

Camille goûta les pois qu'on lui avait apportés afin de s'assurer s'ils étaient fraîchement cueillis et nouvellement écossés; ce qui se reconnaît à leur goût sucré, et à leur moelleux; elle savait aussi que les bons pois ont une petite queue après qu'ils sont écossés, et que les petits sont estimés les meilleurs.

Elle en prit un litron et demi de cette qualité, les lava, les mit dans une casserole avec un morceau de beurre, un bouquet de persil et de ciboule, une laitue pommée coupée en quatre, et les fit cuire dans leur jus à très-petit feu.

Quand ils furent cuits, et qu'ils n'eurent presque plus de sauce, elle y mit une liaison de deux jaunes d'œufs avec de la crème, la fit lier sur le feu et les servit.

Les artichauts.

Elle coupa à moitié les feuilles de dessus, ensuite fit cuireses artichauts dans l'eau avec un peu de sel et un bouquet de fines herbes; quand ils furent cuits elle les mit égoutter, et leur ôta le foin.

Elle prit de bon coulis, et y mit un morceau de beurre, un petit filet de vinaigre, du sel, du gros poivre; fit lier la sauce sur le feu, et la mit dans les artichauts.

M. Dorrifourth ne revenait point de sa surprise : Camille est vraiment extraordinaire, disait-il, elle vient à bout de tout ce qu'elle veut.—C'est, répondit madame Mallebois, qu'on fait toujours bien, quand on a fortement le désir de bien faire.

Le lendemain était vendredi ; Camille, devant servir un dîner maigre , se trouvait un peu embarrassée. La cuisinière voulait reprendre son emploi : Non, dit Camille, j'espère m'en tirer. Elle avait composé sa carte d'un potage au riz, et coulis de lentilles, d'une carpe en matelotte, de morue à la maître-d'hôtel, de soles, de haricots verts, et d'œufs en surtout.

Potage au riz et à la purée de lentilles.

Camille fit d'abord un bon bouillon maigre avec toutes sortes de racines, choux , navets, ognons, céleri , poireaux ; mit à part, dans une petite marmite, un demi-litron de lentilles à la reine, qu'elle fit cuire avec de ce bouillon ; et, quand elles furent cuites, elle les passa en purée, prit ensuite un quarteron de riz, le lava avec soin, le fit cuire dans une petite marmite avec un morceau de beurre, et avec de son bouillon maigre tiré au clair. Quand le riz fut cuit et assaisonné comme il faut, elle mit le coulis de lentilles, ayant soin que son potage ne fût pas trop épais.

Morue à la maître-d'hôtel.

Camille écailla et lava sa morue, la mit avec de l'eau fraîche dans un chaudron, et la plaça sur le feu. Quand sa morue fut prête à bouillir, elle l'écuma; et, dès qu'elle la vit bouillir, la retira du feu et la couvrit avec un torchon; au bout d'un demi-quart d'heure elle la retira de l'eau pour la faire égoutter, la plaça sur un plat avec du persil, de la ciboule hachée, du gros poivre, de la muscade râpée, un bon morceau de beurre, une cuillerée de verjus; la fit chauffer en la retournant, et la servit.

Carpe en matelotte.

Camille écailla sa carpe, en ôta les ouïes, la coupa par tronçons, la mit dans une casserole avec un brochet, une anguille, un barbillon coupé aussi par tronçons ; ensuite elle fit, dans une autre casserole, un petit roux avec du beurre et une cuillerée à bouche de farine.

Quand il eut belle couleur, elle y jeta des petits ognons coupés en quatre, les fit cuire à moitié dans ce même roux, en y mettant encore un peu de beurre ; puis elle le mouilla avec une portion égale de vin rouge et de bouillon maigre ; elle versa ensuite les ognons avec leur sauce dans la casserole où son poisson était préparé, y mit un bouquet garni de fines herbes, assaisonna le tout de sel et de poivre, et fit cuire sa matelotte à grand feu pendant une demi-heure ; et quand elle fut prête à la servir, elle mit quelques croûtes de pain dans la sauce.

Les haricots verts.

Camille les choisit fort tendres, en cassa les petits bouts et les fit cuire dans de l'eau.

Quand ils furent cuits, elle mit dans une casserole un morceau de beurre avec du persil et de la ciboule hachés ; et, quand le beurre fut fondu, elle y mit les haricots ; après qu'ils furent égouttés, elle leur fit faire deux ou trois tours sur le feu, y jeta une pincée de farine, un peu de bouillon, du sel, et les fit bouillir jusqu'à ce qu'il n'y eût plus de sauce. Lorsqu'elle fut prête à les servir, elle y mit une liaison de trois jaunes d'œufs délayés avec du lait, et ensuite un filet de verjus.

Œufs en surtout.

Camille plaça dans une casserole un morceau de beurre avec du persil, de la ciboule, des champignons, des échalotes : le tout haché ; elle les passa sur le feu, y mit une pincée de farine mouillée avec un demi-setier de lait, du sel, du gros poivre ; fit bouillir le tout jusqu'à ce que la sauce fût liée, y joignit sept œufs coupés en deux, dont elle avait enlevé le jaune, et mit dans le blanc cette espèce de hachis.

Les soles.

Camille les écailla, les vida, les lava, les essuya dans un linge blanc, les fendit sur le dos auprès de l'arête, les farina et les jeta dans une friture bien chaude, mise sur un feu clair : elle prit soin de ne pas les laisser languir sur le feu, afin qu'elles ne fussent pas mollasses.

Quand les soles furent frites et d'une belle couleur, elle les mit égoutter sur un linge, puis les dressa sur une serviette.

Vous êtes désormais en état de remplir mon emploi, lui dit la cuisinière; il est fâcheux que vous soyez riche. —La plus haute fortune, répondit Camille, n'est point à l'abri des coups du sort; il est donc utile de se préparer contre ses revers. La seule richesse véritable consiste à savoir s'en passer.

Madame de Melzi craignait que la nouvelle occupation de sa fille ne nuisît à sa santé; mais Camille persista dans le dessein de la continuer pendant le temps qu'elle s'était prescrit, et sa mère se rendit à son désir.

Le dimanche suivant, Camille aida mademoiselle de Folleville à faire sa cuisine, et obtint la douce conviction qu'il n'est pas de fatigue qui ne soit plus que rachetée par le plaisir d'être utile.

CHAPITRE XV.

L'office.

MADAME de Melzi aimait beaucoup la crème fouettée. Quel dommage, dit-elle un jour, que l'on ne puisse s'en régaler sous le berceau patriarcal ! c'est ainsi qu'elle appelait le petit berceau de vigne du baron. Ces paroles n'échappèrent pas à l'oreille de Camille, dont le cœur recueillait avidement toutes celles qui sortaient de la bouche de sa mère, et, dans la première visite rendue au baron, sous l'inspection de mademoiselle de Folleville, Camille fit de cette manière un bon plat de crème fouettée.

Elle prit une pinte d'excellente crème, la mit dans une terrine avec un peu de fleur d'orange pralinée, hachée très-fin, un demi-quarteron de sucre fin, gros comme une noisette de gomme adragante pulvérisée, fouetta la crème, et à mesure qu'elle moussait l'enlevait, avec une écumoire, pour la mettre sur un tamis sous lequel elle avait placé un plat propre à recevoir ce qui en tombait. Elle continua de fouetter la crème jusqu'à ce qu'il n'en restât plus dans la terrine, prit la crème qui était tombée du tamis, la fouetta de nouveau, la dressa, en forme de dôme, dans un compotier, et la garnit de citrons confits, coupés en filet.

Quand madame de Melzi vit poser ce plat de dessert sur la table, elle s'écria : En vérité, ma fille, il ne faut rien désirer devant toi. — Ah ! maman, répondit Camille, quand je ferais à chaque instant quelque chose d'agréable pour vous, ma vie entière ne suffirait point encore pour acquitter ma dette filiale.

Le plaisir que cette petite surprise avait causé à la comtesse, donna l'idée à Camille de lui en préparer d'autres. Elle pria, en conséquence, mademoiselle de Folleville de la mettre en état de faire un peu d'office : son âmie lui enseigna ainsi ce qu'elle en savait elle-même.

Le gâteau de Savoie.

Mettez quatorze œufs dans une balance, et de l'autre côté autant pesant de sucre fin ; ôtez le sucre, et le remplacez par de la farine égalant la pesanteur de sept œufs ; ôtez la farine pour la mettre à part, cassez les œufs, mettez-en les jaunes dans une terrine, et les blancs dans une autre ; mettez avec les jaunes le sucre que vous avez pesé, et un peu de citron vert râpé, de la fleur d'orange grillée et hachée ; battez le tout ensemble pendant une demi-heure ; ensuite vous y mêlez les blancs d'œufs bien fouettés et la farine que vous avez pesée, en remuant à mesure le biscuit avec le fouet : vous avez une casserole de moyenne grandeur et profonde ; frottez-la d'abord avec du beurre affiné, essuyez-la bien avec un torchon, et mettez-y votre beurre pour qu'il s'étende partout ; placez-y votre biscuit, et le faites cuire dans un four d'une chaleur modérée, pendant une bonne heure et demie : quand il sera cuit, vous le renverserez doucement sur un plat : s'il est d'une belle couleur dorée, vous le servez dans son naturel ; et, s'il a trop de couleur, vous le glacez avec une glace blanche. Cette glace se fait avec du sucre très-fin, un blanc d'œuf et le jus de la moitié d'un citron ; battez le tout ensemble dans une assiette de faïence avec une cuillère de bois, jusqu'à ce que la glace soit bien blanche ; alors vous vous en servez pour couvrir tout le gâteau : ne servez que quand la glace sera sèche.

Pâte feuilletée.

Prenez un litron de farine (c'est plus qu'il n'en faut pour faire une tourte d'entremets) ; mettez ce litron de farine sur la table, avec la quantité de sel et d'eau que la farine en peut boire ; pétrissez un moment la farine avec l'eau, de manière à ce que cette pâte ne soit ni trop molle, ni trop épaisse; laissez-la reposer deux heures avant de vous en servir; prenez ensuite presque autant de beurre que de pâte; abattez la pâte avec le rouleau, mettez le beurre dans le milieu, et donnez autant de tours avec le rouleau qu'il lui en faut pour qu'elle devienne de l'épaisseur d'un demi-doigt; jetez dessus, à de courts intervalles et légèrement, un peu de farine.

On donne à la pâte cinq tours en été et six en hiver : à chacun des tours on plie sa pâte en trois.

Cette pàte sert à faire des petits pâtés et toutes sortes de gâteaux feuilletés.

Tourte de toutes sortes de confitures, pour l'hiver.

Prenez telle confiture qu'il vous plaira, soit de la marmelade d'abricots, soit de la marmelade de pommes. La confiture que vous emploierez donnera le nom à votre tourte. Mettez de la pâte feuilletée dans le fond d'une tourtière, et sur cette pâte la confiture que vous destinez pour la tourte, en y laissant un bord d'un pouce que vous mouillerez avec des plumes trempées dans l'eau ; mettez par dessus des petites bandes de pâte, arrangées par dessin, qui couvriront toute la confiture, et faites un bord de pâte à votre tourte ; placez-la ensuite dans le four, et l'y laissez une heure au plus. Quand elle est cuite, couvrez-la de sucre fin, et passez la pelle rouge par dessus pour la glacer.

Gâteau d'amandes.

Mettez sur une table un litron de farine ; faites un trou par le milieu pour y placer un morceau de bon beurre gros comme la moitié d'un œuf, quatre jaunes et quatre blancs d'œufs, une pincée de sel, un quarteron de sucre fin, et six onces d'amandes douces pilées ; pétrissez le tout ensemble, et en formez un gâteau ; faites-le cuire, et le glacez avec du sucre, et la pelle rouge.

Méringues.

Prenez des blancs d'œufs en proportion de la quantité de méringues que vous voulèz faire (cinq sont suffisans pour composer un petit plat d'entremets). Fouettez ces œufs en neige, dans une terrine; quand ils sont bien montés, ajoutez-y de l'écorce de citron râpée, du sucre en poudre; refouettez encore un peu les blancs d'œufs, mêlez le sucre et le citron, dressez ensuite vos méringues sur une feuille de papier blanc, en faisant de petits tas, gros comme la moitié d'un œuf. Ayez soin qu'ils ne se touchent pas; placez-les sous un couvercle chaud, couvert d'un peu de braise. Quand vos méringues sont cuites, et de belle couleur, retirez-les de dessus le papier pour en ôter ce qui n'est pas cuit en dedans, et mettez à la place un peu de confitures ou de crème.

LES CONFITURES.

Gelée de cerises.

Faites choix de cérises bien mûres, ajoutez-y un quart de groseilles, et mettez ces deux fruits à la presse. Quand vous en avez extrait le suc, laissez-le reposer trois ou quatre heures, et versez-le légèrement dans un autre vase où vous le filtrez à travers une manche de laine. Vous avez du sucre clarifié à la nappe (1), vous le mesurez, et vous en mettez une partie égale à celle de votre jus : vous faites cuire le sucre au petit cassé (2); et retirant la bassine, vous y versez le jus des fruits, en le remuant avec l'écumoire. Vous remettez la bassine sur le feu, et faites cuire le mélange : lorsqu'il monte vous y trempez l'écumoire, et vous l'agitez au-dessus de la bassine pour y faire retomber la liqueur dont elle était couverte; ce qui empêche la décoction de s'élever par-dessus les bords de la bassine. On reconnaît que la gelée est parvenue au degré de cuisson nécessaire, lorsqu'en s'étendant le long de l'écumoire elle forme ce qu'on appelle la nappe. Vous retirez aussitôt la gelée de dessus le feu, et la coulez dans des pots. Quand elle est refroidie, vous découpez du papier blanc, vous en faites un rond de la grandeur du pot où vous devez mettre la confiture, vous le trempez dans de l'eau-de-vie, et le posez dessus la gelée, que vous recouvrez ensuite d'un double papier blanc.

Gelée de groseilles.

Prenez une quantité quelconque de groseilles rouges; mêlez-y, si vous le voulez, un quart de blanches; mettez-les dans une bassine, y ajoutant un verre d'eau pour les empêcher de s'attacher au fond et d'y brûler; posez-les sur un feu doux, remuez-les avec une spatule; quand elles sont bien crevées, et qu'elles ont frissonné quelque temps, vous les retirez, les versez dans des tamis au-dessus des terrines, et les y laissez égoutter pendant trois ou quatre heures; vous jetez le marc qui est resté sur le tamis, et passez le suc de groseille à travers la manche; vous mesurez votre décoction, et faisant cuire au cassé partie égale de sucre clarifié, vous retirez la bassine pour y verser votre jus, vous le remettez sur le feu, et faites cuire votre gelée comme la précédente, l'enfermant de même dans des pots.

Gelée de groseilles framboisée.

Mettez dans une bassine sur le feu la quantité de groseilles que vous jugerez à propos; ajoutez un huitième de leur poids en framboises, puis un grand verre d'eau; remuez les fruits avec l'écumoire, jusqu'à ce qu'ils soient crevés et qu'ils aient produit quelques bouillons; alors retirez-les du feu, passez-les, et suivez pour le reste le même procédé employé pour les gelées de cerises et de groseilles.

Gelée de coins.

Prenez des coins un peu avant leur maturité ; après les avoir essuyés pour en enlever le duvet qui se trouve à la surface, coupez-les par quartiers, séparez-en les pepins, et mettez ces fruits sur le feu, dans une bassine, avec ce qu'il faut d'eau seulement pour les tremper ; lorsqu'ils sont cuits, jetez-les dans un tamis placé sur une terrine; passez votre décoction à la manche, et la mesurez. Faites cuire au cassé une quantité égale de sucre clarifié (3); retirez-le du feu, versez-y la décoction de coins, en la remuant avec l'écumoire. Mettez ce mélange sur le feu ; lorsqu'il s'étend le long de l'écumoire, et qu'en tombant il forme la nappe, votre gelée est faite.

Gelée de pommes.

Ayez des pommes de reinettes véritables, coupez-les en quartiers, enlevez-en le cœur et la peau, qui donneraient à la gelée une couleur qu'elle ne doit point avoir ; mettez vos pommes ainsi préparées dans une bassine, avec suffisante quantité d'eau, pour composer une forte décoction. Quand les pommes sont presque en marmelade, retirez-les de dessus le feu, et les mettez dans un tamis propre, placé sur une terrine destinée à recevoir la liqueur. Passez cette liqueur à travers une manche neuve ; car, si elle avait déjà servi, elle pourrait tacher la décoction ; mesurez-la, prenez du sucre fin clarifié, mesurez-en une quantité égale à celle de la décoction ; faites-le cuire au cassé, et réunissez-y la liqueur en y ajoutant le mélange avec l'écumoire pour faire tomber le bouillon, et pour l'empêcher de monter par-dessus les bords de la bassine. Quand la gelée est à la nappe, retirez-la, et la versez dans des pots.

Marmelade d'abricots.

Choisissez des abricots bien mûrs; après en avoir retiré les noyaux, mettez-les dans une passoire placée au-dessus d'une terrine ; écrasez-les avec un gros pilon que vous faites mouvoir circulairement jusqu'à ce qu'il ne reste plus dans la passoire que la peau. Mettez la partie charnue des fruits, appelée pulpe, dans une bassine, sur le feu, pour en faire évaporer l'humidité ; jetez dedans une poignée d'amandes du même fruit, préparées et pelées. Quand la pulpe est suffisamment desséchée, retirez-la du feu, et la versez dans une terrine, en ayant soin de ramasser avec une carte ce qui a pu en rester dans la bassine. Clarifiez le sucre, et le faites cuire au gros boulé (4); mettez-y vos abricots, remuez-les bien avec l'écumoire, faites plusieurs fois frissonner ce mélange, et quand la marmelade tombe de votre écumoire en forme de gelée, retirez-la, et la mettez dans des pots que vous couvrirez seulement le lendemain ; vous emploierez pour cette marmelade cinq livres huit onces de sucre, sur huit livres de fruits.

Cerises en bouquets.

Choisissez des cerises égales en grosseur, formez-en de petits bouquets de cinq à six, assujétissez-les en attachant leurs queues avec du fil, prenez du sucre clarifié, faites (5) en cuire au soufflé une quantité égale à celle de vos cerises, mettez-le dans la bassine où vous lui faites faire une quinzaine de bouillons, écumez le sucre, mettez le tout dans une terrine à l'étuve. Le lendemain faites-les égoutter et sécher.

Épine-vinette en grappe, liquide.

Prenez de belle épine-vinette bien mûre, et dont les grappes soient bien garnies et sans pepin. Clarifiez du sucre en quantité égale à celle de l'épine-vinette, faites le cuire au petit boulé (6) ; donnez quelques bouillons à l'épine-vinette jusqu'à ce qu'elle soit parfaitement crevée, enlevez-en l'écume, versez le mélange dans une terrine, et le mettez en pots le lendemain.

COMPOTES.

Compote d'abricots verts.

La compote est une espèce de confiture qui doit être mangée sur-le-champ, ou peu après être faite. Les compotes ne peuvent se garder, parce que les fruits qui entrent dans leur composition ne sont pas cuits au degré nécessaire pour être long-temps conservés. Les personnes économes qui vivent à la campagne, tirent parti des fruits tombés ou élagués des arbres, pour en faire des compotes. Les abricotiers, se trouvant généralement chargés de trois fois plus de fruits qu'ils n'en peut venir à bien, on ne manque pas d'en employer beaucoup de verts en compote.

On les met dans une bassine avec de l'eau sur le feu ; on les fait bouillir jusqu'à ce qu'ils soient tendres, c'est-à-dire, lorsqu'ils cèdent sous les doigts ; on les retire alors de dessus le feu, on y jette un peu de sel; et quand ils sont presque refroidis, on les remet sur un feu doux pour les faire bouillir. Quand ils sont reverdis, on pousse le feu jusqu'à ce qu'ils soient parfaitement blanchis; ce qu'on reconnaît quand la tête d'une épingle passe facilement au travers; on les met dans de l'eau fraîche, et quand ils sont refroidis, on les fait égoutter. On pose du sucre clarifié, sur le feu, et quand il bout, on y jette les abricots, et l'on a soin de leur donner à petit feu une vingtaine de bouillons; on les retire après de dessus le feu pendant environ deux heures, pour leur laisser le temps de prendre sucre; on les remet de nouveau pour leur donner encore une douzaine de bouillons, on les écume hors du feu, on les laisse refroidir, on les égoutte, et on les met dans le compotier.

On remet le sucre clarifié sur le feu, on le fait cuire à la grande nappe (7), on y presse le suc d'une orange, et l'on y jette quelques zestes du même fruit. On leur donne un bouillon, et quand le tout est presque froid, on le passe à travers un linge blanc mis au-dessus du compotier. Les compotes d'amandes vertes se font de la même manière.

Compote de groseilles vertes.

Choisissez de belles groseilles vertes, fendez-les avec un canif; faites-en sortir les grains avec une plume, placez-les sur le feu dans une bassine d'argent, où vous avez mis de l'eau; lorsque celle-ci bout et que les groseilles montent, vous les laissez refroidir en couvrant le vase d'une serviette; vous les remettez dans la même eau sur un feu plus doux, afin qu'elles ne bouillent pas. Lorsqu'elles sont redevenues vertes et qu'elles sont tendres, vous les retirez et les jetez dans de l'eau fraîche. Vous faites cuire du sucre clarifié au petit lissé (8), et quand il bout, vous y placez vos groseilles, et les faites frissonner une vingtaine de bouillons; après quoi vous les retirez et les laissez refroidir, pour leur donner le temps de prendre sucre; vous enlevez légèrement l'écume avec une cuillère d'argent; ensuite vous les remettez sur le feu, et leur donnez cinq ou six petits bouillons; vous levez l'écume de nouveau, laissez refroidir les groseilles, et les mettez dans le compotier; vous faites revenir le sucre à la nappe; et lorsqu'il est bien écumé, vous le versez sur les groseilles.

Compote de cerises vertes.

Coupez la moitié des queues de cerises, et lavez un à un ces fruits dans l'eau; égouttez-les, faites cuire le sucre à la nappe, et lorsqu'il bout, versez-y vos cerises; retirez-les après quelques bouillons, enlevez-en légèrement l'écume avec une cuillère d'argent, laissez-les refroidir, et les rangez dans le compotier.

Compote d'abricots mûrs.

Faites choix d'abricots d'un beau jaune, et qui soient encore fermes; coupez-les par la moitié et les tournez; c'est-à-dire, enlevez-en la peau ; mettez-les dans une bassine sur le feu, avec suffisante quantité d'eau ; lorsqu'ils montent, mettez-les dans de l'eau fraîche et les égouttez. Ayez du sucre clarifié à la nappe, ajoutez un peu d'eau, et mettez le tout sur le feu ; lorsqu'il bout, retirez-le et versez les fruits ; couvrez un peu le feu avec les cendres, et faites frissonner un moment les abricots ; égouttez-les et mettez-les dans le compotier : faites revenir le sucre clarifié à la nappe, écumez-le, et lorsqu'il est refroidi, versez-le sur les abricots.

Compote de prunes de reine-claude.

Cueillez de belles reines-claudes avant leur maturité, coupez un peu leur queue avec des ciseaux, piquez-les dans le milieu et dans divers autres endroits, jetez-les à mesure dans de l'eau fraîche, mettez-les sur le feu, et quand l'eau est prête à bouillir, retirez-les, laissez-les reposer une heure, remettez-les sur un feu doux sans les faire bouillir, jetez-y un peu de verjus, ou, à défaut de verjus, une poignée de sel, et remuez-les de temps à autre jusqu'à ce qu'elles soient reverdies; poussez alors le feu, et lorsque les reines-claudes montent au-dessus de l'eau, ou qu'elles s'amollissent sous les doigts, retirez-les et les mettez dans de l'eau fraîche; ayez du sucre clarifié et cuit au lissé (9), mettez-le sur le feu, et lorsqu'il bout, versez-y vos prunes égouttées, donnez-leur quelques bouillons, retirez-les et les laissez refroidir.

Mettez le sucre à la nappe, versez-y les prunes, donnez-leur deux bouillons, et les mettez dans un compotier; faites faire encore un bouillon au sucre cuit, et, lorsqu'il est refroidi, versez-le sur les reines-claudes.

Les perdrigons ou autres prunes vertes, et les mirabelles, se confisent de la même manière.

Compote de poires de bon-chrétien, pour l'hiver.

Prenez de belles poires de bon-chrétien dans leur maturité, coupez-les par la moitié, mettez-les dans une bassine sur le feu, avec suffisante quantité d'eau; faites-les bouillir au grand feu, et quand, les serrant un peu sous les doigts, vous sentez qu'elles sont ramollies, retirez-les et mettez-les dans de l'eau fraîche; pelez-les le plus proprement possible par quartiers, et les jetez à mesure dans de nouvelle eau fraîche. Faites cuire le sucre au lissé; lorsqu'il bout, retirez-le du feu, arrangez-y vos quartiers de poires; faites-les frissonner quelques légers bouillons, retirez-les et laissez-les refroidir; mettez-les une seconde fois sur le feu, pour leur donner cinq ou six bouillons. Retirez-les encore, et faites-les égoutter; quand vos poires sont froides, mettez le sucre à la nappe, en y ajoutant un peu de zeste de citron, pour lui donner du goût ; laissez-le refroidir, et versez-le sur les poires.

Compote de poires de diverses espèces.

Choisissez, dans la saison, des poires de blanquettes, de rousselet, de muscade et autres, un peu avant leur maturité ; mettez-les avec de l'eau dans une bassine sur le feu : lorsque vous sentez qu'elles mollissent sous le doigt, retirez-les et versez-y un peu d'eau fraîche ; conservez-les entières ou coupez-les par la moitié, ou par quartiers, et les pelez le plus proprement possible ; remettez-les dans de l'eau sur le feu pour achever de les blanchir. Quand la tête d'une épingle passe facilement à travers, retirez-les et mettez-les dans de l'eau fraîche ; clarifiez le sucre, faites-le cuire au lissé ; donnez quelques bouillons aux poires : retirez-les pendant assez de temps pour qu'elles puissent prendre sucre ; donnez quelques bouillons au sucre cuit : après y avoir ajouté un peu de zeste d'orange ou de citron, et lorsqu'il est refroidi, versez-le dans le compotier. Mettez deux livres de sucre sur quatre livres de poires.

Compote de poires d'hiver.

Coupez vos poires par quartiers, mettez-les dans un vaisseau de terre, ou dans une bassine de cuivre rouge; faites-les baigner dans une suffisante quantité d'eau; ajoutez-y un peu de cannelle et quelques cloux de girofle; couvrez-les bien et faites les cuire à petit feu : quand elles sont presque cuites, vous y mettez un verre de bon vin rouge, ayant soin de remuer pour qu'elles ne s'attachent pas au fond du vaisseau; lorsqu'elles sont cuites, retirez-les. S'il y avait trop de sucre clarifié, vous le feriez réduire, car il n'en faut qu'une petite quantité. On ne met qu'une livre de sucre sur quatre livres de ces poires.

Compote de pommes de reinette.

Coupez les pommes par la moitié, séparez-en le cœur, et les pelez; mettez le sucre et l'eau dans une bassine, ajoutez-y les pommes, faites-les bouillir, et, lorsqu'elles sont ramollies, retirez-les pour les laisser refroidir, et mettez-les dans le compotier. Faites cuire le sucre à la nappe, et versez-le refroidi sur vos pommes.

Pour huit pommes, vous employez une pinte d'eau et six onces de sucre.

Compote de pommes farcies à l'abricot.

Choisissez de belles pommes de reinettes bien saines et bien fermes; ayez un emporte-pièce de la largeur d'une pièce de six sous; enfoncez-le de queue en tête dans les pommes avec une petite cuillère d'argent, un peu moins large que celle à café et plus allongée; retirez la majeure partie de la pulpe des pommes; laissez-en cependant assez pour leur conserver de la consistance; pelez ensuite les pommes, et les mettez à mesure dans de l'eau fraîche; faites-les égoutter, et les faites baigner dans de l'eau mise dans la bassine ; ajoutez-y le sucre, et posez le tout sur le feu : quand les pommes sont assez ramollies, retirez-les avec la plus grande précaution, au moyen d'une cuillère, de crainte de les endommager, et rangez-les dans le compotier : prenez alors de la marmelade d'abricots avec une cuillère à café, et, à l'aide d'une seconde petite cuillère, introduisez de cette marmelade dans chaque pomme : lorsqu'elles en sont toutes farcies, coupez un zeste très-mince d'écorce de citron de Gênes, et, avec le même emporte-pièce qui vous a servi à couvrir les pommes, formez-en de petits ronds qui vous servent à refermer ces mêmes ouvertures. Clarifiez à la nappe le sucre où elles ont trempé, et, lorsqu'il est refroidi, versez-le sur les pommes dans le compotier.

On peut faire entrer différentes marmelades dans cette compote, qui est une des meilleures que l'on connaisse. On y emploie dix onces de sucre sur douze pommes.

Compote de verjus.

Prenez de beau verjus, que vous fendez sur le côté; faites-en sortir les pépins avec une plume, et mettez à mesure les grains dans de l'eau fraîche; placez-les sur un feu doux, pour les empêcher de bouillir : lorsque le verjus est redevenu bien vert, mettez-le dans de l'eau fraîche; après qu'il est refroidi, égouttez-le, clarifiez le sucre, faites-le cuire au lissé, et mettez-y le verjus. Quand vous lui avez donné quelques légers bouillons, retirez-le, écumez-le, et lorsqu'il est refroidi, passez-le et mettez-le dans des compotiers. Vous employez dans cette compote une demi-livre de sucre sur une livre de fruit.

Compote d'oranges.

Choisissez de belles oranges, tournez-les avec toute la propreté possible; coupez les en quartiers, et séparez-en les pépins; mettez les oranges à mesure dans de l'eau fraîche; mettez-les blanchir sur le feu : quand elles sont tendres, retirez-les, et mettez-les dans de l'eau fraîche. Faites cuire du sucre au lissé; faites frissonner quelques bouillons aux oranges, et, après les avoir retirées de la bassine, laissez-les refroidir : remettez une seconde fois la bassine sur le feu, donnez encore quelques bouillons aux oranges, et les faites refroidir : alors dressez-les dans vos compotiers; mettez le sucre à la nappe, et, lorsqu'il est refroidi, versez-le sur vos fruits.

Les compotes de citron se font de même, excepté qu'il faut se servir d'une bassine d'argent. Vous employez la même quantité de sucre pour ces deux dernières compotes que pour la précédente.

CONFITURES SÈCHES.

Pâte de mirabelles.

Choisissez des mirabelles bien mûres; après en avoir ôté les noyaux, mettez-les dans une bassine avec de l'eau ; placez le tout sur le feu ; lorsque les prunes ont fait un bouillon, laissez-les égoutter ; écrasez-les ensuite dans un tamis, pour en extraire la pulpe, que vous recevez dans une terrine ; jetez la peau comme inutile. Pesez la marmelade, faites-en évaporer l'humidité jusqu'à ce qu'elle soit réduite à moitié ; puis retirez-la de la bassine, et la versez dans un vase de terre ou de faïence. Clarifiez une quantité de sucre égale à celle de la marmelade, faites-le cuire au petit cassé ; versez-y la marmelade, en remuant bien avec une spatule. Quand le mêlange est fait, remettez la bassine sur un petit feu, en remuant toujours jusqu'à ce que vous découvriez facilement le fond de la bassine ; alors retirez-la de dessus le feu.

Posez sur une plaque de fer-blanc, ou sur des ardoises, des moules de différentes figures soit en rond, soit en carré, soit en forme de cœur ; remplissez-les de votre pâte en marmelade, ayez soin d'en bien unir la surface avec un couteau : lorsque tous les moules sont remplis, saupoudrez vos pâtes avec du sucre, et les mettez à l'étuve(10) avec un bon feu; le surlendemain, retirez-les des moules, posez-les sur des tamis, en les retournant; saupoudrez-les de sucre de ce côté, et les laissez en cet état un jour à l'étuve; placez-les dans des boîtes bouchées, en les disposant par lits, et mettant entre chacun une feuille de papier blanc.

Toutes les confitures sèches en pâte se font de la même manière que celles-ci.

DES GLACES ET FROMAGES GLACÉS.

Les glaces sont les sucs de plusieurs végétaux préparés, et congelés au moyen de glace pilée et de sel, ou, à défaut de sel, avec du nitre ou de la soude.

Il faut pour la confection de glaces se munir de sabotières d'étain ou de fer-blanc : celles d'étain sont préférables en ce que les liqueurs qui y sont contenues, se trouvant saisies moins vite, donnent le temps de remuer la composition, et lui procurent un moelleux qu'elle ne peut avoir dans des sabotières de fer-blanc beaucoup plus minces que les premières ; un autre inconvénient des sabotières d'étain, c'est qu'en outre que la liqueur forme contre les parois intérieures des glaçons très-gros, qu'on est obligé de casser avec une spatule ou avec une houlette, elle se trouve altérée par la partie saline qui entre dans la glace; elle demande plus de sucre, et n'a jamais un goût aussi suave.

Les sabotières, lorsqu'elles sont remplies des sucs propres à la saison, se placent à un doigt de distance l'une de l'autre dans un seau à compartimens, ou sans compartimens ; on prend de la glace pilée, broyée et salée, que l'on jette vite dans le seau tout autour de chaque sabotière, jusqu'à ce qu'elle en soit couverte.

Quand on désire que les glaces soient

promptement faites, on emploie une plus grande quantité de sel; on agite les sabotières en les tournant dans le seau, et l'on remue de temps en temps les liqueurs avec une houlette de fer-blanc ou avec une cuillère, afin de dissoudre les glaçons qu'elles peuvent former; car les liqueurs fortement glacées n'ont plus qu'un goût insipide.

Après que les sabotières ont été bien tournées, et les liqueurs qu'elles contiennent bien remuées et suffisamment glacées, vous couvrez les sabotières de glace et de sel pilé : plus vous augmentez la dose du sel avec la glace, plus tôt les liqueurs se congèlent; vous ne les tirez du seau qu'au moment de les servir.

Pour cela, vous les dressez en pyramides dans de petits verres de cristal à anses et à pieds. Vous pouvez également en servir en fromages, en les mettant dans des moules de fer-blanc en forme pyramidale et à compartimens; pour éviter les confusions des diverses couleurs dans les glaces mélangées, vous remplissez bien le moule en le frappant légèrement par intervalles; et quand vous êtes assuré qu'il n'existe aucune cavité entre les diverses glaces que vous y faites entrer, vous retirez les morceaux de fer-blanc qui forment compartimens et qui doivent s'ôter à volonté, vous refermez les moules hermétiquement avec leurs couvercles, et les laissez dans la glace salée.

Lorsque vous voulez servir ces sortes de fromages, vous les retirez des moules en trempant ceux-ci le plus promptement possible dans de l'eau qui soit chaude, sans toutefois être bouillante : quand vous les avez bien essuyés, vous enlevez le couvercle; et, renversant le moule de ce côté, sur une assiette de porcelaine, vous le retirez légèrement, afin que le fromage reste dans son entier.

Au lieu de tremper le moule dans l'eau, vous pouvez l'essuyer seulement avec un linge bien chauffé.

Pour donner aux glaces la figure de

différens fruits, vous faites faire des moules en étain, qui ressemblent aux fruits que vous désirez. Ils doivent être à charnières et s'ouvrir en deux : on y pratique un trou à la partie supérieure, pour y verser la liqueur, et l'on bouche hermétiquement les jointures avec un mastic composé comme il suit :

Cire jaune. . . . . . 8 onces.
Saindoux. 5
Poix-résine. 4

Vous faites fondre d'abord la cire, vous y ajoutez le saindoux et la poix-résine; vous remuez jusqu'à ce que le tout soit fondu; lorsqu'il est presque froid, vous le jetez sur une table très-propre, que vous humectez d'eau; vous pétrissez bien votre mastic, et vous en servez au besoin. Cela fait, vous mettez plusieurs de ces moules dans le seau rempli de glace et de sel, et les y remuez avec une longue spatule, pendant une demi-heure ou trois-quarts d'heure environ, jusqu'à ce que la liqueur qu'ils contiennent soit congelée ; ce que vous connaissez, lorsque le moule commence à s'ouvrir. Vous retirez la glace du moule ; et pour lui donner la couleur de son fruit, vous appliquez sur la glace un pinceau trempé dans une composition faite avec du jaune liquide, un peu de carmin ; ou vous imitez avec diverses couleurs les diverses nuances des fruits dont vous composez vos glaces.

Pour avoir des fruits plus moelleux, on peut faire prendre d'abord la composition dans la sabotière ; en cet état on la met dans les moules à fruits qu'on laisse dans la glace jusqu'à ce qu'on veuille les servir.

Glaces à la vanille.

Lait.	1 liv. 8 onces.
Vanille.	4 gros.
Crème.	8 onces.
Sucre.	12 onces.

Vous fondez la vanille, et la coupez par petits morceaux ; vous la pilez avec un peu de sucre dans un mortier de marbre, jusqu'à ce qu'elle soit en poudre; alors vous la mettez dans une bassine sur le feu avec le lait, la crème et le sucre: vous les faites bouillir jusqu'à consistance un peu épaisse. Vous passez la composition à travers un linge, et, lorsque elle est refroidie, vous la mettez dans des sabotières pour la glacer.

Crème de chocolat.

Lait . . . . 1 pinte.
Chocolat . . . . . . 2 onces.
Crème . . . . 1 chopine.
Sucre . . . . 3 onces.
Trois jaunes d'œufs.

Vous mêlez bien ensemble le lait, la crème, les jaunes d'œufs et le sucre, et les faites bouillir jusqu'à réduction du quart, ayant soin de remuer avec la spatule; vous y ajoutez le chocolat bien râpé, et, après quelques bouillons, vous passez votre crème à travers un tamis, et la servez lorsqu'elle est refroidie.

Glaces à la crème.

Lait . . . . 1 liv. 8 onces.
Crème. . . . . 8 onces.
Zestes d'un citron.
Sucre . . . . . 12 onces.

Vous mettez le tout ensemble dans une bassine sur le feu, et le faites bouillir en tournant avec la spatule, jusqu'à ce qu'il commence à s'épaissir : aussitôt vous le retirez du feu et le passez dans un linge au-dessus d'un vase : vous le laissez refroidir et le versez ensuite dans la sabotière pour le glacer.

Il n'est pas inutile de dire que lorsqu'on veut faire des glaces où il entre du lait et de la crème, il faut toujours prendre du lait du matin; sans cette précaution le lait se cailleroit, ce qu'il faut éviter.

Camille, ayant mis tour à tour en usage les méthodes indiquées par mademoiselle de Folleville, ne manquait pas chaque jour de servir à sa mère un nouveau plat de dessert de sa façon : Tu me gâtes, disait madame de Melzi ; tu seras cause que j'attacherai trop de prix à ces friandises ; et cela te consume d'ailleurs beaucoup de temps.—Elle ne peut l'employer mieux, répondit madame Mallebois ; elle remplit à la fois deux devoirs : le premier, de te plaire ; le second, de se former à l'économie. Les trois-quarts des femmes nées dans l'opulence conduisent mal leur maison, faute de s'être instruites des détails du ménage. Il faut savoir faire pour savoir commander. On blâmerait à tort les femmes d'un certain rang de se mêler de ces détails minutieux. Celles qui s'en occupent, s'élèvent toujours au lieu de s'abaisser, toutes les fois qu'elles n'y portent pas un esprit d'avarice. La nature, en nous refusant les qualités mâles et brillantes qu'elle accorda aux hommes pour nous gouverner et pour nous protéger, nous donna des qualités propres à régir notre famille : notre partage est moins éclatant ; il n'est pas le moins doux : en ne le dédaignant pas, nous goûtons sans cesse la jouissance la plus pure, celle d'entourer de mille soins les personnes qui nous sont chères : nous en retirons encore d'autres avantages précieux ; l'ordre que nous mettons continuellement dans de petites choses, diminue nos dépenses, augmente nos ressources. Si notre époux nous apporte, en outre de son patrimoine, le produit de ses places ou de son travail, de notre côté nous ajoutons à notre dot par une sage administration des revenus qu'il nous confie, et de cette manière nous rétablissons entre nous et lui l'égalité. Mais notre surveillance n'est pas seulement utile à nos intérêts, elle sert encore la religion et la morale. La négligence des maîtresses de maison donne souvent naissance à beaucoup de vices parmi les domestiques ; quand ceux-ci s'aperçoivent qu'on ne porte point un œil attentif sur leurs actions, ils se relâchent de leurs devoirs : ils se permettent d'abord de légères infidélités, ensuite de plus grandes; l'argent qu'ils ont acquis aux dépens de leur conscience, ne leur profite pas; ils s'en servent à nourrir de honteuses passions; et nous sommes, devant Dieu et devant la société, responsables des fautes qu'ils commettent lorsque notre inattention les a provoquées. J'applaudis donc notre Camille, de s'appliquer à devenir une bonne ménagère; et pour qu'elle y réussisse entièrement, si cela ne te déplaît pas, je l'inviterai à suivre de temps en temps notre pourvoyeuse au marché.—J'ai déjà eu bien des fois cette envie, répliqua Camille; mais j'ai craint de contrarier maman en lui en demandant la permission.—Ma fille, dit la comtesse, lorsque tes idées se trouvent en rapport avec celles de ta grand'maman, je ne puis que les approuver; et pour te montrer combien j'ai de confiance en toi, je remets, dès ce moment, la conduite de notre maison en tes mains.—Je n'oserais me charger de cette tâche difficile, répondit Camille, si vous et ma grand'maman n'aviez pas la bonté de me diriger. — Sois tranquille, reprit madame Mallebois, nous t'aiderons s'il en est besoin. Cet accord conclu, madame de Melzi appela ses gens, et leur déclara qu'ils devaient désormais recevoir les ordres de Camille.

CHAPITRE XVI.

Provisions journalières.

Les domestiques de la comtesse ne murmurèrent pas de ce changement; tous portaient une affection véritable à Camille; ils l'avaient vue naître, et la vénéraient à cause de sa douceur angélique et de sa bonté compatissante pour les pauvres. Mes enfans, leur dit-elle, ma mère a daigné me confier les soins du ménage : je compte sur votre zèle; je suis persuadée que vous ne voudrez pas me réduire à la dure alternative ou de sacrifier les intérêts de ma mère, ou de vous faire des reproches; je ne me pardonnerais point la première chose, la seconde m'affligerait extrêmement. Tous promirent à leur jeune maîtresse de remplir leurs devoirs avec plus de zèle que par le passé, si cela leur était possible. Contente de l'assurance qu'ils venaient de lui donner, Camille fit sortir les domestiques, retenant seulement la pourvoyeuse nommée Catherine, qui lui rendit compte de la manière dont elle avait jusqu'alors exercé son emploi. Je n'ai jamais négligé, lui dit-elle, d'apporter beaucoup de soin au choix des divers comestibles ; je les ai toujours achetés de la première main, autant que je l'ai pu, parce que c'est le moyen de les payer moins cher et de les avoir meilleurs. Il vaut mieux s'approvisionner pour une semaine que pour un jour; on y trouve une double économie, on perd moins de temps, et l'on obtient un prix plus modéré sur les achats.

Ces provisions consistent en volaille, en gibier, en viandes de boucherie, et dans tous les objets de fruiterie, comme légumes, beurre, herbages et fruits, jusqu'aux plus recherchés. On peut même y joindre le pain. Les personnes aisées comme vous le mangent ordinairement frais ; les personnes du second ordre le mangent plus ou moins rassis ; le pauvre le mange presque toujours dur, parce qu'il est plus substantiel.

Vous savez que les petits pains, les gâteaux, accessoires d'un déjeuner délicat, doivent être servis presque en sortant du four, quand on ne veut pas qu'ils perdent de leur goût.

Le bœuf fournit des morceaux de résistance, tels que les bouillis, les pièces en braise et les aloyaux rôtis. On en compose une entrée agréable et saine, en le coupant en tranches que l'on fait griller : ce mets, appelé *beef-steak*, nous vient d'Angleterre. Le bœuf peut se manger aussitôt qu'il est tué.

Il n'en est pas de même du veau ou du mouton ; il est souvent nécessaire de le garder plusieurs jours pour que la chair soit succulente et tendre. Le veau est d'un usage continuel en cuisine, son jus sert à assaisonner les autres viandes. Le veau s'emploie en nature, tant pour de fortes que pour de petites entrées ; il se montre sur notre table sous mille formes différentes ; tantôt il nous présente un mets simple, tantôt un mets recherché : sa tête, ses pieds, ses parties intérieures, comme le foie, les fressures ou entrailles, ses yeux, ses oreilles, sa cervelle, tout en est bon ; les diverses parties de ses gros membres, et de son corps, ont une saveur et un mérite différens. Les rognons, la longe, le filet, le quasi, la poitrine de veau, se servent en rôti et en ragoûts : les gigots, la poitrine, le filet, les épaules de mouton s'emploient de la même manière que celles de veau. Le veau de Pontoise et le mouton de pré-salé sont très-renommés (11).

L'agneau, le porc frais, sont, ainsi que le gibier, des viandes de passage. Chacune d'elles a sa saison particulière. Sous le nom de gibier sont compris le sanglier, le lièvre, le lapin, les perdrix, les faisans, les cailles, les grives, les ortolans, les pluviers, les bécasses, et beaucoup d'oiseaux aquatiques que l'on ne se procure que par la chasse.

On désigne sous le nom générique de volaille, les oiseaux de basse-cour. Comme l'oie, le canard, le dinde, le pigeon, la poule, le chapon et la poularde; la Normandie, et surtout le Mans, fournissent les poulardes et les chapons les plus estimés.

On ne s'approvisionne guère de volaille et de gibier que pour un ou deux jours au plus, à moins qu'on ne soit en hiver, ou qu'on n'aime l'odeur de venaison.

Les poissons frais font partie de l'approvisionnement journalier; l'obligation où l'on est de faire maigre en compose notre nourriture deux jours de la semaine. Les qualités des poissons sont très-variées. Quelques-uns se payent un haut prix, d'autres un prix moyen et d'autres un prix plus bas. La qualité la plus importante du poisson est la fraîcheur. On doit en examiner les ouies avec attention ; toutes les fois qu'elle sont de couleur morne, méfiez-vous en. Les légumes et les fruits constituent la seconde classe des provisions journalières ; quand on tient une grande table, on trouve beaucoup d'avantage à acheter en gros ceux qui se conservent. Dans une maison bien ordonnée, on fait provision pour une semaine de choux, de carottes, de navets, de betteraves, de céleri, de chicorée et de divers herbages ; on les met à la cave, sur des lits de sable, afin qu'ils se tiennent frais ; on les visite de temps en temps pour en extraire les parties gâtées, parce qu'elles nuiraient aux autres.

Il est économique de faire des provisions de toutes ces choses pour l'arrière-saison. Quant aux salades, aux légumes frais, tels que les pois, les fèves, les haricots, tant qu'ils sont ce qu'on appelle *verts*, le beurre frais, le lait et la crème, les fruits de saison, ou de primeur, on ne doit en acheter qu'à mesure qu'on en fait usage.

Les fraises, le premier des fruits rouges qui s'offre au printemps à notre vue ; les prunes de reine-claude, dont il faut éviter d'altérer la fleur ; l'abricot, la pêche, qu'il faut saisir à point dans leur maturité ; les poires d'été, les figues, les raisins se présentent avec tant d'abondance et de variété à la Halle, que les gourmets ont appelé ce marché le plus beau jardin fruitier de l'univers.

En dépit des ruses et des friponneries que quelques marchands de la Halle emploient pour duper les acheteurs, ce marché, d'origine antique, a toujours conservé sa prééminence sur tous les autres marchés de Paris. C'est à la Halle qu'abondent de toutes parts les vendeurs de toutes les denrées utiles à notre subsistance ; les maîtres d'hôtel, les chefs de cuisine et d'office, les cuisinières des grandes maisons ne s'approvisionnent jamais qu'à la Halle ; c'est presque un point d'honneur, parmi ces personnes, de ne pas même se montrer aux environs des autres marchés pendant les heures de la vente ; il en résulte que les marchés secondaires ne sont guère fournis que de marchandises de rebut. Là, les vendeurs se composent seulement des pauvres jardiniers, qui, dépourvus de charrettes, de chevaux, ou d'ânes de fière allure, n'osent se faufiler parmi les vendeurs de première ligne, qui arrivent triomphans à la Halle, en faisant claquer de très-loin leurs fouets. Ces approvisionneurs timides apportent pourtant quelquefois d'aussi bonnes marchandises que les autres ; mais ils n'ont pas le moyen de les faire valoir : il en est dans les halles comme dans le monde ; on aime ce qui brille ; le mérite de la marchandise ne détermine pas toujours son rang ou sa faveur.

Camille sourit de la réflexion de Catherine ; celle-ci, flattée de ce signe approbatif, continua : cependant les marchés des rues Saint-Denis, Saint-Martin, de l'Abbaye Saint-Martin, de l'Abbaye Saint-Germain, des faubourgs Saint-Honoré, Saint-Antoine, Saint-Marceau, ne sont pas délaissés. La cuisinière du second ou du troisième rang, la bourgeoise modeste, l'humble ouvrière que leurs positions forcent à ménager et leur temps et leur bourse, vont y faire leurs provisions; elles s'arrangent d'ordinaire avec d'honnêtes fournisseurs qui, soigneux de se conserver leur pratique, leur vendent des marchandises de choix à un prix modéré, pourvu qu'elles viennent les chercher de grand matin.

A la seconde heure de la vente, arrivent daus ces marchés subalternes, pour y débiter leurs denrées, une foule de marchandes qui se sont peu avant approvisionnées à la Halle, et qu'à cause de cela l'on nomme *regrattières*.

Camille, très-satisfaite des détails que Catherine venait de lui donner, prit jour avec elle pour aller à la Halle.

CHAPITRE XVII.

Le retour de la Halle. Description de ce marché et de plusieurs autres.

Le vendredi suivant, Camille se leva avec le jour, et, prenant Catherine sous le bras, partit pour faire ses provisions. Elle acheta de beaux fruits, de beaux poissons, de belles volailles, de beaux légumes; les fit arranger devant ses yeux, dans des hottes; en chargea deux commissionnaires affidés, et revint avec eux à la maison, portant à son bras un panier de superbes pêches qu'elle destinait à son aïeule. Venez, lui dit-elle en entrant dans sa chambre; venez, je vous en prie, examiner ce que je rapporte du marché; vous en serez, je crois, contente. C'est Catherine qui a fait tous les gros achats; mais, seule, j'ai voulu me charger de l'acquisition des fruits que vous aimez: j'ai

le retour de la halle.

voulu aussi vous les apporter moi-même ; gardez-les pour vous rafraîchir la bouche pendant l'intervalle de vos repas : ces fruits ne doivent point paraître à l'office, ils sont pour vous seule. — Et ta mère ? — J'ai mon tribut particulier pour elle ; il se compose de reines-claudes magnifiques : j'avais d'abord envie de lui offrir des abricots, un souvenir m'en a empêchée. — Tu as eu raison ; il ne faut point ôter de leur prix à ceux de Verrières. Et le bon M. Dorrifourth, n'aura-t-il pas aussi des prémices de ton nouveau talent ? — Pardonnez-moi ; j'ai choisi pour lui des ananas. — Fort bien ; chacun est servi à son goût. Madame Mallebois descendit faire la revue des différentes provisions, ensuite elle dit à Camille : Tu n'as point dormi autant que de coutume, tu dois être lasse ; va te reposer quelques instans. — Oh ! je ne sens nulle fatigue ; je me suis singulièrement amusée : la première fruitière de la Halle avec qui j'ai causé avant que sa boutique fût peuplée d'acheteurs, m'a fait de ce marché une description qui me donne la curiosité de m'y rendre un de ces jours, vers une heure du matin au plus tard, et d'y rester jusqu'à quatre de l'après-midi. De onze heures du soir à minuit, m'a-t-elle dit, les rues qui, de toutes les routes de la vaste circonférence de Paris, viennent, en le traversant, aboutir à son centre, ne cessent d'être remplies par une chaîne continuelle d'hommes et de femmes chargés de hottes, de voitures, de chevaux et d'ânes, qui nous apportent de plus de cinq à six lieues de distance leur tribut journalier. Du côté de la Normandie, arrivent à marche forcée les marchands de volailles de choix, les marchands d'œufs, de beurre, de marée, qui courent en poste, afin que rien n'altère la fraîcheur de leurs denrées. Chacun d'eux se met à sa place accoutumée, vide ses voitures, arrange ses marchandises avec symétrie, malgré l'obscurité, évite la confusion, et prépare le tout de la manière la plus favorable au débit.

Le moment où le jour paraît est celui qui ne doit pas échapper à l'œil de l'observateur. L'heure de l'arrivage suit celle de la vente ; mais le tableau est toujours aussi extraordinaire qu'intéressant : l'air du matin, que n'ont point encore altéré des miasmes impurs, le parfum délicieux des fleurs nouvellement cueillies, l'ordre qui semble multiplier les objets, en même temps qu'il donne à l'œil le moyen d'en saisir l'ensemble, nous font éprouver les sensations les plus agréables : c'est surtout au printemps que l'éclat et la variété des fleurs, le mélange de leurs différens parfums, charment nos regards et notre odorat. Dans l'été et dans les premiers jours de l'automne, les fruits présentent tour à tour un spectacle non moins satisfaisant par la diversité de leurs coloris et par celle de leurs suaves odeurs.

Sur les six heures, le tableau, moins paisible, s'anime par degrés et devient même très-bruyant. De nombreux pelotons d'acheteurs arrivent de toutes parts ; leurs groupes se mêlent ; un murmure confus de voix, de cris, de rires prolongés, s'étend de proche en proche, porte l'agitation au sein du peuple immense des vendeurs, des acheteurs et des spectateurs. Le sol sur lequel on se promène est bientôt jonché de pailles, de feuilles ; et de ces débris, on voit de cent côtés s'élever comme des espèces de monticules, desquelles on ne peut s'approcher sans danger pour ses vêtemens : quelquefois de mauvais plaisans s'amusent à vous pousser contre, et, si vous tombez, on entend alors retentir au loin les éclats d'une grosse gaîté. Peu à peu la foule s'éclaircit, d'innombrables colonnes d'acheteurs filent successivement et s'éloignent chargées de leurs acquisitions. La terre se couvre d'un épais fumier, qui disparaît presque aussitôt sous la main agile des balayeurs. Les voitures, qui portaient naguère des légumes et des fruits, se chargent d'une nouvelle richesse en enlevant ımier propre à former des engrais qui blent la fécondité des champs.

'ur les deux heures, la Halle offre un ect moins bizarre et plus tranquille; t ce qui doit composer son approvinement particulier se distribue dans ordre admirable : ici l'on place les rs, là les fruits, plus loin les légu, et chaque instant du reste de la née se passe à faire des ventes de la nde main.

endant cet intervalle, la marée est vée dans la place voisine; pour les es marchandises on abandonne les leurs à la merci des acheteurs : mais me, pour le poisson, il est important rien n'en puisse gêner l'arrivage, et les propriétaires n'éprouvent aucun ard pour la vente d'une denrée si facile e corrompre, dès qu'elle est sur la ce on la vend à l'enchère. Cette vente présidée par des facteurs nommés par gouvernement, à l'effet de payer aux rchands de marée la somme à laquelle

tons d'acheteurs arrivent de toutes pa
leurs groupes se mêlent; un murm
confus de voix, de cris, de rires prol
gés, s'étend de proche en proche, po
l'agitation au sein du peuple immen
des vendeurs, des acheteurs et des sp
tateurs. Le sol sur lequel on se promè
est bientôt jonché de pailles, de feuill
et de ces débris, on voit de cent cô
s'élever comme des espèces de mon
cules, desquelles on ne peut s'approch
sans danger pour ses vêtemens : quelq
fois de mauvais plaisans s'amusent à vo
pousser contre, et, si vous tombez, on e
tend alors retentir au loin les éclats d'u
grosse gaîté. Peu à peu la foule s'éclairc
d'innombrables colonnes d'acheteurs
lent successivement et s'éloignent cha
gées de leurs acquisitions. La terre s
couvre d'un épais fumier, qui dispara
presque aussitôt sous la main agile de
balayeurs. Les voitures, qui portaien
naguère des légumes et des fruits, se char
gent d'une nouvelle richesse en enlevan

le fumier propre à former des engrais qui doublent la fécondité des champs.

Sur les deux heures, la Halle offre un aspect moins bizarre et plus tranquille; tout ce qui doit composer son approvisionnement particulier se distribue dans un ordre admirable : ici l'on place les fleurs, là les fruits, plus loin les légumes, et chaque instant du reste de la journée se passe à faire des ventes de la seconde main.

Pendant cet intervalle, la marée est arrivée dans la place voisine; pour les autres marchandises on abandonne les vendeurs à la merci des acheteurs : mais comme, pour le poisson, il est important que rien n'en puisse gêner l'arrivage, et que les propriétaires n'éprouvent aucun retard pour la vente d'une denrée si facile à se corrompre, dès qu'elle est sur la place on la vend à l'enchère. Cette vente est présidée par des facteurs nommés par le gouvernement, à l'effet de payer aux marchands de marée la somme à laquelle se monte leur marchandise, et de répondre de sa valeur. Quand les marchands de marée sont partis, un nouveau commerce s'ouvre entre les acheteurs de première et de seconde classes, et les dames de la Halle s'installent sous leurs vastes parapluies, qui rappellent celui de Robinson. Les marchands d'une classe inférieure se distribuent dans les seconds rangs, et les revendeuses partent pour alimenter les marchés secondaires, ou pour promener, le long des rues, leurs éventaires garnis de marchandises.

Si le marché au poisson satisfait les yeux par son abondance, il est loin de satisfaire l'odorat : le poisson le plus frais exhale une odeur détestable, qui devient de moment en moment plus fétide ; aussi le simple curieux ne s'arrête-t-il pas longtemps dans ce marché, mais le gourmet passe par-dessus tous les désagrémens qu'il y trouve, en voyant ces esturgeons, ces turbots, ces saumons, ces brochets, ces carpes énormes que l'on n'aborde qu'une bourse pesante à la main ; il n'examine pas avec moins de sensualité le maquereau, la sardine, les soles, les vives, les merlans, les coquillages de toute espèce, depuis la moule, luxe de la petite bourgeoisie, jusqu'à l'huître de Cancale ou de Marenne, qu'on arrosera de flots de vin mousseux ; le homard qui effraie les enfans, et l'écrevisse que sa couleur modeste n'a pas mise à l'abri de la rapacité et des ruses du pêcheur, et qui paye de sa vie la couleur éclatante qu'elle a revêtue lorsqu'on la place sur nos tables.

A l'entour de la Halle et du marché au poisson, se placent les marchands de grosse viande; leur établissement date vraisemblablement de l'époque où les bouchers ne s'étaient pas répandus dans tous les quartiers et dans toutes les rues. Ces marchands vendent la viande à des prix moins élevés que celle qui se vend dans les boucheries particulières. Ils n'ont, assez souvent, que des viandes inférieures; mais la portion indigente du peuple, contrainte de se nourrir à peu de frais, sacrifie la qualité à la quantité, et se contente de ce qu'on appelle les basses viandes. Près des marchands qui les distribuent, sont toutes les boutiques ambulantes des tripières. On appelle de ce nom les femmes qui vendent les extrémités ou issues intérieures et extérieures des bœufs, des veaux et des moutons; elles en tiennent de crues et de cuites.

Dans ce même endroit se trouvent aussi des marchands de volaille et de gibier, ce qui n'empêche pas qu'il existe ailleurs un marché particulier pour ces deux objets, auxquels les gourmets préfèrent cependant encore les boutiques de la Halle.

Plus loin sont établis des marchands de fromages de toutes espèces, de beurre de toutes les qualités, et des marchands d'œufs. Là, sont aussi ces gros épiciers, chez qui se vendent tous les accessoires de la table, les pâtes de vermicel, de macaronis, etc.; les fruits confits au vinaigre, les saucissons et les salaisons de tous genres, les fruits à l'eau-de-vie, les confitures de toutes espèces, des liqueurs, et toutes sortes de comestibles. On les recherche moins chez eux, depuis qu'il s'est formé des magasins de ces marchandises, où se trouvent rassemblées, avec recherche, et même avec luxe, toutes sortes de provisions de bouche, tant françaises qu'étrangères.

Le marché destiné uniquement à la vente de la volaille et du gibier, se tient le samedi sur le quai de la volaille. L'origine du nom de ce quai vient, dit-on, de ce que c'était jadis un lieu bas, au niveau de la rivière, ombragé de beaux arbres qu'arrosaient plusieurs ruisseaux; de jolies fermières venaient y apporter les trésors de leurs basses-cours.

Après la tenue de ce marché, les fermières se rendaient sous les piliers de la Halle, où l'on a vendu de temps immémorial des habits tout faits, pour acheter le vêtement qui devait les parer le lendemain : les unes allaient s'en faire honneur dans leur hameau ; les autres s'en ornaient pour assister au service divin dans les églises de Paris, où elles jouissaient avec respect de la splendeur des cérémonies religieuses ; seul spectacle alors connu.

Le temps change les lieux, les mœurs, les habitudes ; ce quai, dit de la *Vallée*, est aujourd'hui un des quais les plus élevés au-dessus du niveau de la Seine. Au lieu des jolies fermières qu'on voyait jadis y vendre leurs denrées, vous voyez de robustes Cauchois, de grossiers Manceaux y débarquer, ainsi que leurs grossières compagnes, sur d'énormes charrettes, où sont rangées leurs marchandises ; et malheureusement ce ne sont plus des cérémonies religieuses qui les retiennent le lendemain à Paris, mais le spectacle bruyant des guinguettes.

Ce marché est un des plus riches de ceux de la capitale. Les ventes s'y font d'a-

bord en gros paniers, ou par bourriches ; les marchands de volaille et les traiteurs peuvent seuls trouver un avantage dans ces acquisitions, à cause de la diverse qualité de chaque pièce qui leur donne une valeur différente. Les ventes de la volaille et du gibier se font, comme celles du poisson, par des facteurs.

Quand la vente publique est terminée la vente particulière s'ouvre; chacun y vient acheter, d'après son goût ou son besoin, des volailles, du gibier de toute espèce, et dans leur saison de jeunes cochons de lait. Les uns en font des pièces de rôt, les autres les élèvent et les engraissent pour les tuer plus tard, et les saler. On achète à la Vallée des volailles vivantes ou mortes, avec ou sans leurs plumes, vidées ou non, et prêtes à mettre en broche. Le quai est garni, dans toute son étendue, de larges enceintes de claies, sous lesquelles sont enfermés des oies, des canards, des dindons, des poulets, des chapons, qui tombent sous le couteau des vendeurs au premier ordre de l'acheteur. Les cris de ces animaux, même alors qu'on ne les touche pas, assourdissent vos oreilles. A côté, de nombreuses familles de pigeons battent en silence de l'aile, reçoivent de temps en temps de la bouche de leurs vendeurs de nombreuses gorgées de graines, spectacle rebutant qui fait fuir plus d'un acheteur (*).

Non loin du marché à la volaille était situé le marché aux fleurs. Les amateurs ont choisi le matin à la Halle des provisions de fleurs détachées de leurs pieds, et prêtes à former des bouquets. Ils en ont pu choisir d'un haut prix, ou d'un prix

---

(*) Depuis l'époque où l'action de cet ouvrage est censée avoir eu lieu, on a construit sur l'emplacement, autrefois occupé par le couvent des Augustins, une superbe enceinte grillée tout autour : là se tient, chaque matin, le marché à la volaille ; la place des marchands est marquée par un numéro, et leurs boutiques distribuées par rangs, laissant entre elles des espaces, forment des espèces de rues où se promènent les acheteurs,

modique, depuis l'hnmble violette présage des beaux jours, jusqu'à la fleur d'orange qui, grâces à l'art des serres chaudes, fleurit toute l'année pour fournir des couronnes aux jeunes vierges s'avançant aux autels de l'hyménée. Ils trouvent dans le marché aux fleurs à se procurer des jouissances plus vives et plus durables. Il n'est aucune fleur, aucun arbuste, aucun arbre propre à la décoration de nos jardins, sous quelque latitude, sur quelque terre éloignée où leur origine paraît les avoir d'abord relégués, qui ne soient ici offerts à notre choix.

Le marché aux fleurs, placé d'abord sur un quai étroit, brûlé par le soleil du midi, a été transporté sur un quai plus large, situé à l'ombre du côté du nord, et décoré de fontaines et d'allées d'arbres.

Maintenant que, par la description de ces marchés, j'ai fait naître en vous l'envie de les visiter tous, il est bon de vous instruire des ruses employées par certains marchands pour duper les acheteurs : quelquefois ils substituent la viande de la vache à la viande du bœuf, et vendent de la brebis pour du mouton : exercez-vous donc à distinguer ces viandes l'une de l'autre. Les viandes hautes en coûleur, d'un rouge noir, accompagnées d'une graisse blanche et ferme, indiquent le bœuf et le mouton, tandis que les viandes de la vache et de la brebis sont très-pâles.

C'est surtout au poisson que l'on est facilement trompé; le temps, chaud ou froid, sec ou humide, détermine sa valeur : il arrive souvent que vous êtes pris au mot, en n'offrant que la moitié ou même le quart de la somme qu'on vous en a demandée. Voici plusieurs des tricheries communes aux marchandes de poisson : quelques-unes déguisent son peu de fraîcheur en le trempant dans une eau mêlée d'un peu de vinaigre; d'autres substituent adroitement à la pièce choisie, celle dont elles cherchent à se défaire. Je vous ai déjà indiqué le moyen d'échapper à ces piéges.

Quant à la volaille et au gibier, flairez-les d'abord ; vous jugerez ensuite de leur embonpoint ou de leur maigreur par le toucher, et de leur finesse par la blancheur de leur graisse et de leur peau. Vous reconnaîtrez si la volaille est jeune ou vieille, à ses ergots, ainsi qu'aux plumes du bout des ailes : la jeune volaille a beaucoup plus de prix que la vieille ; il n'est pas indifférent de savoir distinguer le mâle de la femelle ; cette dernière est presque toujours plus délicate : quelquefois le vendeur remplit de papier froissé ou de paille l'estomac d'une volaille, afin de lui donner de l'apparence ; prenez-y garde. Quant aux légumes en paquets, aux fruits en panier, vérifiez si ceux placés au fond sont de la même qualité que ceux placés au-dessus. On reconnaît les légumes frais, et cueillis à propos, à la plénitude de leur peau, à sa teinte, à sa fermeté.

Goûtez avec soin le beurre au milieu du pot, parce qu'il arrive qu'on recouvre d'un beurre frais une motte de vieux beurre. Les œufs destinés pour être mangés à la coque, s'achètent ordinairement à une laitière de confiance ; le plus ou moins de fraîcheur des œufs achetés pour la cuisine, se reconnaît à leur transparence, à leur poids, à leur propreté extérieure.

Quant aux arbustes et aux fleurs, celle de toutes les marchandises qui doit intéresser le plus une personne de votre âge et de votre rang, il faut aussi la soumettre à un examen : il consiste, pour les arbustes à hautes tiges, à regarder si leurs racines sont fraîches, fermes, point écaillées ; si les bourgeons sont pleins et vifs : ces signes annoncent que la plante est saine, fraîchement et soigneusement arrachée, et garantissent qu'elle sera replantée avec succès.

Quant aux arbustes et fleurs en pots ou en caisses, assurez-vous qu'on ne les a pas changés de pots, et qu'on ne les a point récemment arrachés, rempotés, mouillés pour les revêtir d'une fraîcheur éphémère, manége employé par des fleuristes peu délicats; de plus coupables encore cherchent à multiplier leurs ventes en plaçant au fond des pots une substance qui fait périr la racine des arbustes.

Cette fruitière, dit madame Mallebois à Camille, t'a appris beaucoup de choses, et t'a donné de bons conseils : quoique je me sois toute ma vie occupée du ménage, je n'en connais pas aussi bien la théorie que toi.—Vraiment, répliqna Catherine, madame Durand est une femme de mérite; elle fait son métier de fruitière depuis plus de trente ans, et possède plus de deux cent mille livres en fonds de terre; aussi sa fille est-elle une élégante; elle vient d'épouser un avocat, et ne va point au marché, je vous assure.— Tant pis pour elle, répliqua la sage aïeule; elle dépensera ce que sa mère a pris tant de peine à amasser, et peut-être, dans ses vieux jours, se verra sans aucune ressource ; elle sera alors d'autant plus malheureuse que personne ne la plaindra.— Oh ! cela est bien vrai, répondit Catherine ; car toutes les dames de la Halle la montrent au doigt, et, sans l'estime qu'on a pour sa mère, on lui aurait déjà joué plus d'un mauvais tour.

Madame Mallebois remonta dans son appartement avec sa petite-fille. Madame de Melzi vint les avertir qu'elle avait du monde à dîner : Camille para de fleurs le salon et la salle à manger, arrangea le dessert, fit sa toilette, et personne de la société ne se douta des soins qu'elle avait remplis le matin.

Prière du Soir.

CHAPITRE XVIII.

La Prière du soir en famille.

Si les attachemens qui se forment dans le monde sont généralement légers et courts, c'est qu'ils ne reposent que sur des convenances frivoles. Il n'en était pas ainsi de l'amitié née entre les familles de Folleville et de Melzi : comme elle avait pour principe l'amour de la vertu et le désir d'atteindre à sa perfection, elle prenait à chaque instant de nouvelles forces. Camille comptait ses jours de bonheur par les jours passés à Verrières : un accident vint suspendre ses promenades chéries ; madame Mallebois se foula le pied, et se vit contrainte à garder la chambre. Madame de Melzi ne voulut pas quitter un moment sa mère, et le seul M. Dorrifourth put aller jouir des entretiens de mademoiselle de Folleville. Ni ses nouvelles occupations, ni la société de Malvina, revenue de la campagne, ne pouvaient distraire Camille de l'espèce d'ennui qu'elle éprouvait, quand la comtesse reçut une lettre par laquelle mademoiselle de Folleville la suppliait de lui envoyer un bon médecin pour son père, dont les jours paraissaient en danger. S'il meurt, s'écria Camille, quel affreux moment pour sa malheureuse fille! là, toute seule dans cette chaumière! — J'accompagnerai le médecin, dit M. Dorrifourth, et s'il juge que M. de Folleville doive succomber, je resterai à Verrières. — Ce projet fait l'éloge de votre cœur, répondit madame Mallebois, mais il ne peut s'exécuter; mademoiselle de Folleville n'a que vingt ans; on ne saurait apporter trop de scrupule à lui conserver intact le seul bien qui lui reste : l'honneur d'une jeune fille ressemble à une fleur que le moindre souffle ternit. Les soins assidus d'un homme, tel vertueux qu'il soit, tel âge qu'il ait, sont toujours dangereux à la réputation d'une demoiselle. C'est à mes filles qu'il appartient d'aller secourir et consoler mademoiselle de Folleville.

Les décisions de la sage aïeule devenaient toujours des lois. Madame de Melzi et Camille partirent donc pour Verrières avec le médecin. Ils trouvèrent M. de Folleville dans un accablement profond : le médecin ne dissimula point que c'était un mauvais signe ; il ordonna qu'on fît avaler, d'heure en heure, au malade une cuillerée d'élixir de Garrus pour le soutenir un peu plus long-temps. C'est un homme éteint, dit-il à part à la comtesse ; aucun art humain ne peut le sauver ; demain il aura vécu. En conséquence de cet arrêt, madame de Melzi résolut de demeurer auprès de mademoiselle de Folleville, et, donnant sa voiture au médecin, le pria d'aller prévenir madame Mallebois des tristes motifs qui la retenaient loin d'elle.

Suis-je destinée à perdre mon père?

demanda, d'une voix tremblante, mademoiselle de Folleville à la comtesse. — Je ne puis vous tromper, répondit madame de Melzi, le baron est au plus mal; mais, ma jeune amie, daignez voir désormais une mère en moi, une sœur dans ma fille! — Et la sœur la plus tendre! ajouta Camille, en serrant sur son sein mademoiselle de Folleville. Le silence de cette dernière exprima mieux ses sentimens que ne l'auraient fait des paroles.

Le curé du hameau arriva pour voir le malade, et le trouva hors d'état de l'entendre. Tranquillisez-vous, dit-il à mademoiselle de Folleville; il a rempli, ces jours derniers, les devoirs d'un bon chrétien; et sa vie, d'ailleurs, est si pure, qu'il n'a rien à craindre pour son avenir : il a suivi la maxime du juste, il s'est tenu constamment prêt à se présenter devant le juge incorruptible.

Le bon pasteur déclara qu'il passerait aussi la nuit auprès du baron, afin de l'administrer, s'il en était besoin. Mademoiselle de Folleville, se voyant environnée de ses plus chers soutiens, se décida à envoyer Jeannette prendre quelques heures de repos, et demanda la permission de faire auparavant la prière du soir en famille. C'est un usage qne je tiens de ma mère, dit-elle, et jamais je n'y ai manqué. — Il est fâcheux que cette coutume de nos pères ne se soit pas conservée, répliqua le baron, elle attachait les maîtres à leurs domestiques, et ceux-ci à leur maîtres ; il est rare qu'on manque à ce qu'on se doit les uns aux autres, lorsqu'on prie ensemble.

Tout le monde se mit à genoux, et mademoiselle de Folleville chanta ce cantique, répété en chœur par les assistans.

« Nations, écoutez tout ce que je vais dire : Habitans de l'univers, soyez tous attentifs à ma voix.

» Enfans des hommes, enfans de la terre, grands, petits, riches, pauvres, c'est à tous que j'adresse la parole.

» Ma bouche, interprète de mon esprit,

va vous faire part de ce que j'ai médité, et vous donner des instructions sages et salutaires; je ne vous découvrirai dans mes chants les mystères de la sagesse, qu'après les avoir moi-même entendus du maître intérieur qui m'en instruit.

» Qui est-ce qui me ferait craindre au jour terrible du Seigneur? Ce serait d'avoir marché dans l'injustice, de me voir alors entouré d'une foule d'iniquités.

» Grands du siècle, qui vous glorifiez de vos biens immenses, et qui vous appuyez si fort sur le pouvoir que ces biens vous donnent, de quel secours vous seront-ils en ce jour? Est-il un homme qui puisse vous tirer du péril? Un frère que sa tendresse rendrait plus ingénieux à vous secourir, ne vous en tirerait pas. Personne, quand l'heure est venue, ne peut rien offrir à Dieu qui le fléchisse.

» Il n'y a point de rançon pour se racheter de la mort. L'homme, de quelque bonheur qu'il paraisse jouir, vit dans de continuels travaux ; et encore ne vit-il que pour mourir.

» Le pécheur se flatte-t-il de ne pas mourir, tandis que la mort enlève tous les jours à ses yeux ceux qui mériteraient par leurs vertus de vivre toujours? Les insensés ! ils finiront aussi bien que le reste des hommes.

» Ils passeront pour toujours dans le tombeau, avec le cruel chagrin de laisser leurs richesses à des étrangers.

» Là sera leur demeure dans la suite des âges, après s'être bâti de magnifiques palais, et avoir fait porter leurs noms à de riches terres qu'ils auront possédées.

» L'homme, aveuglé par le vain éclat d'une fausse gloire, est devenu semblable aux animaux, en ne s'attachant, comme eux, qu'aux biens présens et sensibles.

» Voilà le chemin qui les conduit dans le précipice ; et, après qu'ils s'y sont engagés, on les voit encore s'applaudir sur le parti qu'ils ont pris.

» Étrange aveuglement des pécheurs, d'aller sans réflexion, comme de stupides brebis, servir de proie à la mort, descendre en troupe dans les enfers!

» Mais quelle surprise de voir, aux premiers rayons du jour de l'éternité, les justes au-dessus de leurs têtes, dans la céleste demeure, et de se voir, eux, sans secours, dans le centre de tous les maux, après avoir passé la vie dans le plaisir, et tenu un rang distingué sur la terre!

» Pour moi, qui préfère à toute la gloire du monde la gloire de servir Dieu, j'ose me promettre que, lorsqu'il lui plaira de me prendre, il aura égard à ces dispositions de mon cœur, qu'il n'abandonnera pas mon âme aux puissances de l'enfer.

» Dans ces pensées, peut-on se troubler quand on voit le pécheur s'enrichir, et sa maison comblée de gloire?

» La mort ne lui laissera rien de ce

qu'il possède, et sa gloire ne le suivra pas dans le tombeau.

» Parce qu'il met son bonheur dans une prospérité temporelle, il ne vous louera, Seigneur, que lorsque vous l'en ferez jouir.

» Mais aussi, après un cours d'années passées dans la prospérité, il ira, dépouillé de tout, rejoindre dans les ténèbres éternelles ceux de ses pères dont il suit les traces.

» Et voilà comme l'homme aveuglé par le faux éclat d'une gloire passagère se réduit, en quelque sorte, à la condition des animaux, en ne s'attachant qu'aux biens présens et sensibles (*). »

Le cantique achevé, Jeannette récita tout haut le *Pater* et la *Salutation Angélique*. Ensuite, mademoiselle de Folleville ouvrit la Bible à l'endroit où elle en était restée la veille, et lut le chapitre suivant :

(*) Psaume de David.

Histoire de Ruth.

La famine assiégeait Israël. Elimeleck, né à Bethléem en Judée, se réfugia dans le pays des Moabites, avec sa femme Noémi, et ses deux fils Mahalon et Chélion.

Elimeleck mourut peu de temps après. Noémi resta avec Machalon et Chélion, qui prirent pour épouses deux filles de Moab, appelées l'une Orpha, l'autre Ruth.

Cette famille vivait depuis dix ans au sein de la plus parfaite union, quand la mort vint frapper Mahalon et Chélion.

Noémi partit avec ses belles-filles pour revoir le pays de ses aïeux, que n'assiégeait plus la disette; mais, prête à sortir de la terre des Moabites, elle leur dit : « Retournez sous le toit maternel : que le » Seigneur use de sa bonté envers vous, » comme vous en avez usé envers ceux » qui sont morts et envers moi : qu'il

» vous fasse trouver le repos dans la
» maison des maris que vous prendrez! »
Puis elle les embrassa tendrement.

Orpha et Ruth, fondant en larmes, répondirent : « Nous irons avec vous
» parmi ceux de votre peuple. » —
« Hélas, reprit Noémi, je n'ai plus
» d'enfans à vous offrir pour époux, et
» je ne puis plus en porter dans mes
» entrailles; la main du Seigneur s'est
» appesantie sur moi, et votre affliction
» ajoute à la mienne. »

Les pleurs des deux jeunes Moabites redoublèrent. Orpha donna le baiser d'adieu à sa belle-mère et s'en sépara; mais Noémi pressa vainement Ruth de suivre l'exemple de sa sœur : « Non, ré-
» pondit-elle, dans quelque lieu que vous
» alliez, j'irai avec vous; partout où
» vous demeurerez je demeurerai; votre
» peuple sera mon peuple, votre Dieu
» sera mon Dieu, la terre où vous mour-
» rez me verra mourir, et je serai en-
» sevelie où vous serez ensevelie. La

» mort seule pourra me séparer de » vous (*). »

Noémi, profondément touchée de la tendresse de sa bru, ne s'opposa plus à son pieux dessein, et toutes deux s'en allèrent à Bethléem à l'époque de la coupe des orges; et Noémi disait à ceux qui l'appelaient par son nom : « Vous devriez » plutôt me nommer Mara, qui signifie » *douleur*, que Noémi qui veut dire *féli-* » *cité*. » Ruth dit à sa belle-mère : « Si vous » le permettez, j'irai dans les champs » ramasser les épis échappés aux mois- » sonneurs, et le grain que j'en tirerai » servira à nous nourrir quelque temps. » Le ciel voulut que le champ où elle se rendit appartînt à Booz, riche en terres et en serviteurs, et parent d'Elimelech.

Booz remarqua la jeune Moabite; il apprit qu'elle avait demandé la permission de suivre les moissonneurs pour recueillir les épis demeurés dans les

(*) Bible, liv. de Ruth.

champs, et que du matin au soir elle ne quittait pas la laborieuse tâche que lui imposait son attachement à Noémi; pénétré de respect pour la conduite de Ruth, il ordonna à ses serviteurs de jeter des épis de leurs javelles, et de ne pas prendre garde à ceux que recueillerait Ruth, dût-elle même en couper. Ensuite il s'approcha d'elle, l'invita à venir glaner dans ses terres tant que durerait la récolte; il l'engagea aussi à partager chaque soir le repas de ses moissonneurs. Ruth se prosterna à terre, et lui dit: « D'où me vient ce bonheur d'être traitée » avec autant de bonté par vous, moi » qui suis une étrangère? » — « Je sais, » lui répondit-il, que vous avez aban- » donné votre terre natale pour suivre » votre belle-mère; puissiez-vous en re- » cevoir le prix du Dieu d'Israël, puisque » vous êtes venue vers lui et que vous » avez cherché un refuge sous ses ailes! » Grâce à la charité de Booz, les épis ramassés par Ruth, dans le cours de cette journée, lui fournirent trois boisseaux de grain. Heureuse et fière de porter cette charge, elle revient à la ville offrir à Noémi et les trois boisseaux d'orge, et une portion du pain qu'on lui avait servi pour son repas, et qu'elle avait soigneusement mise à part. « Où donc avez-vous » glané? demanda Noémi. Béni soit » celui qui a pris pitié de vous! Com- » ment se nomme-t-il? » — « Il s'appelle » Booz. » — « Cet homme est notre proche » parent, reprit Noémi; il vaut mieux » aller travailler dans son champ que dans » celui d'un autre, où peut-être on vous » ferait de la peine. » Soumise aux avis de sa belle-mère, Ruth se joignit aux filles de Booz, et ne les quitta plus tant que dura la moisson.

Lorsque les grains furent serrés dans les greniers, elle revint auprès de sa belle-mère. « Je songe, lui dit Noémi, » à vous assurer une protection et le » repos. Booz est notre proche parent; » il vannera ce soir son orge dans son » aire; lavez-vous, parfumez-vous d'hui- » le, parez-vous de vos plus beaux ha-

» bits ; remarquez l'endroit qu'il aura
» choisi pour dormir, et, quand il dor-
» mira, vous vous placerez à ses pieds,
» et vous y dormirez (*). » Ruth obéit à
sa belle-mère.

Booz se réveilla sur le minuit, et, voyant une femme étendue à ses pieds, il lui demanda avec inquiétude : « Qui
» êtes-vous? » — Je suis Ruth, votre
» servante; ne me renvoyez pas, vous
» êtes mon proche parent. »

Booz répondit : « Ma fille, que le
» Seigneur vous bénisse pour cette
» preuve touchante de bonté, puisque
» vous avez cherché un vieillard! Je ne
» vous désavoue pas pour ma parente ;
» mais vous avez un parent plus proche
» que moi, il a le droit de vous prendre
» pour épouse : s'il renonce à ce droit,
» vous serez ma femme, je le jure par
» le Seigneur. Dormez là jusqu'au ma-
» tin (**). »

(*) Bible. (**) *Idem.*

Ruth dormit en paix, Dieu étoit avec elle. Dès le point du jour, elle se réveilla, et prit congé de Booz, qui lui fit présent de six boisseaux d'orge. Ruth se hâta d'aller les porter à sa belle-mère et de l'instruire de ce qui s'était passé. Pendant cet intervalle Booz se rendit à la porte de la ville où se tenaient les assemblées et où se prononçaient les jugemens. Il s'y assit, et, voyant passer le parent de Mahalon, l'appela, le fit asseoir auprès de lui, et pria dix des anciens de la ville de se placer à côté d'eux; ensuite il dit à ce parent: «Noémi, revenue » du pays de Moab, doit vendre une » partie de champ d'Elimeleck; voulez-» vous l'acheter et prendre Ruth, Moa-» bite, veuve de Mahalon, pour votre » épouse, afin de faire revivre le nom » de votre parent dans son héritage? Si » vous ne le voulez pas, j'achèterai le » champ et j'épouserai Ruth, parce que » je suis après vous le plus proche parent » du défunt.» — «Je ne dois pas, répondit

» le parent de Mahalon, éteindre moi-
» même le nom de ma famille ; ainsi je
» vous cède le privilége qui m'est acquis. »

Booz dit alors devant les anciens de la ville et devant le peuple assemblé : « Je
» vous (1) prends tous à témoin que
» j'achète l'héritage de Noémi, et que je
» fais ma femme de la veuve de Maha-
» lon. » Le peuple et les anciens répondirent : « Nous en sommes témoins : que
» le Seigneur rende cette femme qui
» entre dans votre maison, comme Ra-
» chel et Lia qui ont établi la maison
» d'Israël ! qu'elle soit un exemple de
» vertu dans Esphrata, et que son nom
» soit célèbre dans Bethléem ! »

Booz épousa Ruth, et Dieu lui fit la grâce de concevoir un fils. Noémi prit l'enfant dans son sein ; les femmes de la ville s'écrièrent avec joie : « Il est né un
» fils à Noémi, sa vieillesse ne sera pas sans
» soutien » ; et elles appelèrent l'enfant

---

(1) La sainte Bible.

Obed, nom qui en hébreu signifie *assistance*, pour marquer qu'il assisterait son aïeule dans sa vieillesse. Obed fut frère de Jessé qui eut pour fils le roi David, dont les enfans régnèrent sur la nation juive jusqu'à la vingt et unième génération.

Ainsi se trouvèrent recompensées la candeur, la vertu, la foi de Ruth et son pieux dévouement pour la mère de son époux.

Camille savait par cœur l'histoire de Ruth; mais jamais elle ne lui avait paru si touchante. Chère fille, dit le bon pasteur en s'adressant à mademoiselle de Folleville, puisse un nouveau Booz récompenser en vous une nouvelle Ruth! En ce moment le baron se réveilla, regarda autour de lui, et poussa un faible soupir. Le pasteur fit un signe à la comtesse. Venez, ma fille, dit cette dernière à mademoiselle de Folleville, en lui ouvrant les bras; suivez-moi, monsieur le curé vous l'ordonne.—Oui, répliqua le bon pasteur; les soins qui restent à prendre ici me regardent. Madame de Melzi s'empara de l'orpheline : une voiture et des chevaux de poste furent commandés aussitôt, et la comtesse arriva vers onze heures du soir à Paris, avec Camille et mademoiselle de Folleville.

Tandis que Camille faisait préparer à son amie une chambre voisine de celle de madame Mallebois, la comtesse priait M. Dorrifourth de partir pour Verrières. L'honnête négociant, se prêtant volontiers aux désirs de madame de Melzi, courut retrouver le bon pasteur, et tous deux s'occupèrent de faire rendre les derniers devoirs au baron.

CHAPITRE XIX.

Les provisions annuelles.

Les tendres égards que mademoiselle de Folleville recevait de ses amies, adoucirent ses regrets; elle trouvait dans leur intimité des plaisirs qu'elle n'avait pas connus jusqu'alors, et cherchait à leur prouver sa reconnaissance par tous les moyens qui étaient en son pouvoir. Camille se refusait, par délicatesse, à ce qu'elle l'aidât dans les soins du ménage; mais mademoiselle de Folleville lui dit avec tristesse : Ne suis-je pas votre sœur? et Camille ne s'opposa plus à ce qu'elle partageât ses occupations. Depuis que vous me donnez des conseils, dit un jour Camille à mademoiselle de Folleville, j'ai fait beaucoup d'économies; cependant notre dépense me paraît encore excessive; je voudrais pouvoir la diminuer, sans toutefois diminuer notre ordinaire.—Les achats en gros, lui répondit mademoiselle de Folleville, vous procureront l'avantage que vous cherchez. Plus la consommation d'une maison est considérable, plus on trouve de profit à ne faire aucune acquisition en détail, pourvu qu'on empêche le gaspillage, qui est trop souvent le résultat de l'abondance. En outre de la remise qu'on obtient sur le prix des denrées achetées en gros, on se les procure d'une meilleure qualité, on évite une foule de frais accessoires, et l'on gagne encore les caisses, les tonneaux, les toiles d'emballage et les vases, objets d'une certaine valeur dans les grands approvisionnemens.

Je vais passer en revue toutes les choses qui constituent les provisions annuelles.

Du chauffage.

Les chantiers nous offrent des bois de plusieurs qualités et de prix différens.

Le bois le plus commun est le bois flotté; il sert au chauffage des fours. Nous avons ensuite le bois de gravier; ce bois, quand il reste peu de temps dans l'eau, brûle bien, sans se consumer trop vite. Le bois écorcé est dur et bon pour la cheminée. Le bois neuf est en effet le plus économique, quoiqu'il soit le plus cher. Le bois neuf se compose de chêne, d'orme, de hêtre et de charme; le plus estimé est le chêne; il donne une grande chaleur. Le bois neuf varie de prix, suivant qu'il est plus ou moins droit, plus ou moins gros. Nous avons encore le bois de compte, ainsi nommé parce qu'il se compte et ne se mesure pas. Les gens riches ne se servent guère que de ce bois pour chauffer leurs appartemens.

On trouve de l'économie à faire usage du bois le plus gros dans une vaste cheminée. L'avantage d'une forte provision de bois consiste surtout à pouvoir le trier, afin d'assortir ses diverses grosseurs aux différentes cheminées ainsi qu'aux différens besoins.

Une chose essentielle dans l'achat du bois, c'est de surveiller les tricheries multipliées des marchands. Il faut rejeter les bois blancs qui n'ont aucune qualité, les bois pouris, vermoulus, et plus encore les bois fourchus, tortus, qui produisent des vides dans le mesurage, et par conséquent de la perte.

Le bois le meilleur pour chauffer les poêles est le moyen bois; il se maintient en braise et donne une chaleur plus continue que le petit bois. Les poêles économiques sont ceux dont la cheminée est petite et garnie de plusieurs conduits de briques; ils usent moins de bois et conservent plus long-temps la chaleur.

Lorsqu'on fait sa provision de bois, il est bon de s'approvisionner en même temps de fagots : on en a souvent besoin pour la cuisine, et pour allumer le feu dans les appartemens. Les fagots produisent sur-le-champ une flamme vive et vivifiante.

Beaucoup de personnes font usage du charbon-de-terre; son odeur n'est pas agréable, mais il produit un feu plus ardent que celui du bois. On l'emploie seul dans des fourneaux ou dans des cheminées de fonte portatives : on l'emploie aussi en concurrence avec le bois; on le place alors sur des bûches sur lesquelles on pose une grille légère. Quelquefois on fait de petites masses avec les morceaux les plus menus, qu'on pétrit avec l'argile, qui s'échauffe jusqu'à rougir. Cette méthode est très-économique.

On se sert avec succès de la tourbe pour ménager le bois; et, pour en obtenir une chaleur plus concentrée, on place la tourbe sur la bûche de devant.

Dans les pays où le bois manque absolument, on se chauffe, ou avec du charbon-de-terre, ou avec de la tourbe. Le premier de ces combustibles répand une poussière noire, très-nuisible aux meubles. Pour se soustraire à ce désagrément, on a construit des poêles propres à échauffer plusieurs appartemens : ils s'allument dans les pièces voisines des pièces habitées, où l'on jouit de leur chaleur sans en éprouver aucun inconvénient.

Le charbon-de-terre doit, ainsi que le bois, être gardé dans des caves sèches, parce que l'humidité le détériore. La tourbe se garde au grenier ; elle s'achète au cent; le charbon, au poids; et le bois, à une mesure légale, appelée *stère* ou *double-stère*, antrement, *voie*.

Vous savez que le charbon de bois est indispensable pour la cuisine et pour l'office; il s'achète par sac, et se garde dans la cave ou dans le cellier à l'abri d'nne trop grande humidité.

Rien ne se gaspille comme le charbon : sous prétexte qu'ils trouvent de l'avantage à bien allumer les fourneaux, les cuisiniers et les cuisinières se prêtent difficilement aux petites attentions qui pourraient en diminuer la dépense. A force de recherches on a découvert le moyen de remédier à leur négligence, par l'invention de divers fourneaux économiques, où un seul foyer alimente plusieurs fourneaux et réduit la consommation du charbon à un quart de la consommation ordinaire. La maison la plus nombreuse, un pensionnat, par exemple, fait sa cuisine et son office avec un seul de ces fourneaux; et la ménagère indigente, grâces à un de ces fourneaux qui lui coûte seulement trente sous, sans cheminée, sans bois, sans embarras, fait son pot au feu, son gigot à l'eau, ou tout autre mets moyennant une dépense de trois sous de charbon.

L'époque la plus favorable pour s'approvisionner de tous les comestibles est le milieu du mois d'août. Leur qualité est alors supérieure, leur prix et celui de leur transport sont moins élevés.

De l'éclairage.

On se sert, pour l'éclairage, de chandelle, d'huile, et de bougie.

Les meilleures fabriques de chandelles sont maintenant établies à Paris.

La chandelle s'achète ou par caisse, ou par paquets de cinq livres. On en fait sa provision, dans le mois d'août ou de septembre. Avant de la serrer dans la cave, on l'étale à l'air pendant un mois, afin qu'elle achève de se blanchir, de se raffermir, et qu'elle perde sa mauvaise odeur. Dans les fortes maisons on règle la consommation journalière de la chandelle, et l'on en fait à des époques fixées des distributions au maître d'hôtel chargé de la répartir en détail aux autres domestiques. Dans les maisons d'un ordre inférieur, on en donne chaque samedi aux domestiques la quantité nécessaire pour une semaine. Enfin parmi les bourgeois peu opulens ou très-économes, la maîtresse de la maison se charge elle-même jour par jour de la distribuer.

La bougie, objet de nécessité pour les riches maisons, objet de luxe pour les autres, ne doit pas comme la chandelle rester à l'air; il faut, au contraire, la tenir soigneusement enveloppée. Lorsqu'on s'aperçoit qu'elle se jaunit, ou quand, oubliée long-temps dans des flambeaux, elle a été salie par le contact de certains insectes, on la polit avec un linge un peu gros et très-sec, ou bien on l'expose d'abord à la rosée, ensuite au soleil.

L'huile s'achète en tonneaux. Il faut prendre soin qu'ils soient hermétiquement fermés, parce que le contact de l'air l'épaissit et la jaunit. Pour empêcher que l'air ne pénètre dans le tonneau à mesure qu'il se vide, on a imaginé de placer la canelle dans le haut du tonneau. On place à côté, et plus haut, un tonneau un peu moins grand, qui communique avec le fond du tonneau où l'huile est renfermée, et qu'on remplit d'eau. Cette eau remplace successivement l'huile que l'on ôte. L'huile, surnageant à raison de sa légèreté, remplit toujours la partie supérieure du tonneau, et n'éprouve ainsi aucune altération. L'huile fine demande qu'on prenne, pour la conserver, la même précaution que l'on prend pour conserver l'huile commune.

L'usage des quinquets exige qu'on fasse des provisions de verres et de mèches : pour se débarrasser de ces détails minutieux, ainsi que par économie, on s'abonne, pour l'entretien des quinquets, avec des commissionnaires qui se chargent de les nettoyer.

Il est presque indispensable de conserver de la lumière pendant la nuit. A cet effet, on fait usage, ou d'une petite bougie que l'on plonge dans l'eau, et qui ne doit brûler que pendant l'espace d'une veille, ou d'une mèche de bougie filée, fixée dans un rond de carte, soutenu d'un mince rond de liége qui la fait nager sur l'huile. Quelquefois on se sert d'une mèche de simple coton filé. Cette mèche donne une flamme assez vive; on la place dans une boîte de fer-blanc, appelée *veilleuse*; sur cette veilleuse on pose une autre boîte remplie d'eau, destinée à chauffer la boisson de laquelle on peut avoir besoin dans le cours de la nuit. Ce genre de provisions est surtout utile à la campagne; on y joint des mèches ou des briquets phosphoriques, des briquets communs, de l'amadou et des allumettes. Ces objets, placés sous notre main, nous ôtent de la dépendance où nous sommes trop souvent de nos domestiques. Il ne faut pas négliger de mettre au rang des provisions, les carafes, les vases de toutes espèces, les assiettes, enfin, toutes les choses casuelles qui, dans une maison bien ordonnée, se reportent chaque année au complet.

DES PROVISIONS DU SECOND ORDRE.

Le meilleur café, le moka, est très-rare : les princes et les gourmets par excellence sont à peu près les seules personnes qui en font usage ; mais, dans les cafés de l'île de Bourbon, et dans ceux d'Amérique, se trouve une espèce de café origninaire de Moka, et qui n'est pas très-inférieure au moka même. On reconnaît cette espèce à la rondeur et à la petitesse de son grain. Les autres cafés, larges et plats, sont bons quand ils sont mûrs, et qu'ils n'ont pas été atteints par l'eau de la mer. Plus le café est vieux, plus il a de qualité. On le brûle dans un moulin fermé pour qu'il ne perde pas son huile : il est à son meilleur point de cuisson, quand son grain devient jaune ; plus brûlé il perd son parfum. Les amateurs de café ne le font jamais bouillir, ils le passent au filtre, ou le laissent infuser dans de l'eau froide.

Le thé le plus renommé est celui de la Chine. On le conserve aussi long-temps que l'on veut, dans des boîtes de plomb fermées avec soin. Une livre de thé suffit à l'usage de plusieurs mois, alors même qu'on en boit chaque jour. Nous avons plusieurs espèces de chocolat. Chacune d'elles se décompose au bout d'un certain temps; c'est pourquoi il n'en faut pas faire de fortes provisions. On doit aussi se rendre très-difficile sur le choix du chocolat, parce qu'il se vend presque toujours frelaté. Les chocolats de Bayonne et de Perpignan, sont généralement les plus estimés. Les gourmets font leur chocolat dans une cafetière préparée pour ce seul usage, et nommée en conséquence, *chocolatière*.

Le sucre d'Orléans est le plus beau et le meilleur. On reconnaît que le sucre est d'une qualité supérieure lorsqu'il est cristallin et sonore ; il doit se placer dans un endroit sec, parce que l'humidité le détériore. Le sucre trop vieux s'avarie, tombe en poussière, et perd sa propriété principale.

La cassonade, espèce de sucre non raffiné, s'emploie, par économie, pour toutes sortes de confitures.

Les saucissons de Lyon, qui se mangent crus; ceux du midi que l'on fait cuire; le thon mariné, les anchoix et les fruits confits au vinaigre, s'achètent en gros, autant par économie que pour se fournir des premières qualités.

Les fruits au vinaigre, tels que les cornichons, les ognons, les blés de Turquie, le poivre-long, les bigarreaux, l'épine-vinette, se font chez soi. On prend ces fruits avant leur parfaite maturité.

Manière de faire les cornichons.

On les essuie rudement, pour les dégager d'une espèce de graine qui les couvre. On les empote avec des lits alternatifs de sel. Au bout de vingt-quatre heures, on les égoutte et on les couvre du meilleur vinaigre; on y ajoute l'assaisonnement, tel que sel, poivre, ail, herbes aromatiques; un mois suffit pour les rendre bons à manger. On suit la même méthode pour les fruits de la même nature. Le vinaigre qu'on y emploie, ainsi que celui employé aux salades et à la cuisine, est d'une assez grande consommation pour qu'on l'achète à la pièce. On le laisse en tonneau dans un lieu sec. Il est bon d'acheter pareillement en gros le sel, le poivre, le gérofle, la cannelle, la muscade, les épices, les olives, les huîtres salées, le beurre à demi sel de Bretagne, le beurre fondu, les jambons de Mayence et de Bayonne. La plus grande partie de ces objets se sert au second service du dîner, ainsi qu'aux déjeuners à la fourchette.

Le prix des légumes hausse en hiver, il faut donc en faire provision : on achète au boisseau des haricots de Soissons, des lentilles, des pois. On conserve des fèves de marais, des petits pois, des haricots verts, des artichauts.

Manière de conserver les haricots verts, ou confits, ou séchés.

Prenez des haricots verts, la quantité que vous en voudrez; ayez soin qu'ils soient tendres et point filandreux ; épluchez-en les bouts, et mettez après les haricots cuire, pendant un quart d'heure, dans de l'eau bouillante ; trempez-les ensuite dans de l'eau fraîche pour les refroidir.

Quand ils sont frais, retirez-les de l'eau, faites-les égoutter, essuyez-les bien, mettez-les dans les pots qui leur sont destinés, et recouvrez ces pots de saumure jusqu'au bord. Ensuite mettez-y du beurre fondu à moitié chaud, qui se fige dessus la saumure, en ayant soin que les haricots ne prennent pas l'évent.

Serrez-les dans un endroit ni trop chaud ni trop froid ; bouchez-les de papier, et ne les ouvrez que quand vous voudrez vous en servir.

La saumure se compose de deux tiers d'eau et d'un tiers de vinaigre, sur trois pintes desquels on met une livre de sel.

Faites chauffer la saumure sur le feu jusqu'à ce que le sel soit fondu ; laissez-la ensuite reposer pour la tirer au clair ;

et vous en servez, comme il est dit ci-dessus.

Quand vous voulez faire sécher des haricots, vous les épluchez comme pour les confire; vous les faites aussi cuire un quart d'heure. Quand ils sont égouttés, vous les enfilez avec une aiguille et du fil, et vous les pendez au plancher dans un endroit sec. Au moment de vous en servir, vous les faites tremper dans de l'eau tiède jusqu'à ce qu'ils reprennent leur première verdure; vous les faites ensuite cuire dans de l'eau, et les accommodez de la même façon que les haricots nouveaux.

Observez la même chose pour les haricots confits.

Artichauts confits ou séchés.

Otez-en toutes les feuilles, et ne laissez au fond que ce qui est bon à manger; jetez vos artichauts dans l'eau jusqu'à ce que vous puissiez en ôter aisément le foin; remettez-les après dans de l'eau fraîche :

quand ils sont bien propres, faites-les égoutter. Les artichauts confits valent mieux que les artichauts séchés; l'on suit, pour les confire, la même méthode que je vous ai indiquée pour confire les haricots verts.

Les fèves de marais se conservent de la même manière employée pour faire sécher les haricots verts.

Il est des fruits qui se gardent assez long-temps pour être, pendant l'automne, l'hiver et le printemps, la parure de nos tables; on peut même, avec des soins, offrir quelquefois des fruits de l'année précédente à côté de ceux que l'on vient de cueillir : le raisin en fait partie.

Manière de conserver le raisin et les autres fruits.

On éclaircit les grappes de raisin lorsqu'elles sont encore sur pied; on attend, pour les cueillir, le point juste de leur maturité; on les place sur des claies, de manière à ce qu'elles ne se touchent pas;

on les visite de temps à autre pour en ôter les grains flétris ; plus tard on renferme le raisin dans des tiroirs, que l'on ouvre seulement les beaux jours, aux heures du soleil ; il faut le défendre, autant que possible, du contact de l'air, et prendre le plus grand soin qu'il soit dans une chambre à l'abri de la gelée.

Quant aux autres fruits, on les choisit un peu avant leur maturité ; on les place sur un lit de paille très-mince, posé sur des tablettes légèrement inclinées en avant et garnies d'un rebord. On les espace de manière qu'ils ne se touchent pas ; on les visite souvent pour enlever ceux qui se gâtent. Il faut aussi les serrer dans la chambre la moins exposée à la gelée, dont on calfeutre les fenêtres, et dans laquelle on allume même, en cas de besoin, un feu doux ; moyennant ces précautions, les beurrés, les doyennés, les saint-germains, atteignent le mois de décembre ; et le saint-germain d'hiver, la crésanne, la virgouleuse et le bon-chrétien rejoignent quelquefois les fruits de l'année suivante. Les pommes, surtout la calville et la reinette, fruits précieux par leur qualité, et qui se mangent de tant de manières, se conservent fraîches encore plus facilement que les poires.

Vous connaissez le moyen de faire sécher, ou de mettre en pâte ou en confitures, la pêche, l'abricot, la pomme, la cerise, la groseille, et tous les autres fruits.

Il est économique d'acheter par caisses ou par boîtes les pruneaux de Tours, les poires tapées, les raisins de qualité supérieure qui viennent de la Grèce, de l'Italie, de l'Espagne, de l'Afrique et de nos provinces du midi, les figues des mêmes pays, les noisettes sèches, les petits *citrons* confits à la Chine, et par cette raison appelés *chinois*, et les fruits confits d'Amérique : toutes ces friandises, ressources de l'arrière-saison, sont aussi l'ornement des desserts de carême.

Nous avons encore une confiture commune, connue sous le nom de raisiné, de laquelle il est utile de s'approvisionner. On l'achète en tonneaux. Le raisiné de Bourgogne et celui du Languedoc sont très-estimés. Quand on vit à la campagne, on fait soi-même du raisiné moins recherché, mais très-bon et très-sain. En voici la recette.

Raisiné.

On prend du beau raisin bien mûr; on le laisse un peu reposer; puis on en exprime le jus entre les mains; on en ôte la rafle; on met le jus et les peaux dans un chaudron, sur le feu; on les fait bouillir doucement, en ayant soin de l'écumer, et de le remuer de temps en temps avec l'écumoire. A mesure qu'il s'épaissit, on modère le feu; et, lorsque le tout est diminué des deux tiers, on le passe au travers d'une étamine ou gros linge en pressant tout le marc. Quand tout est bien passé, on le met sur le feu pour lui faire prendre la cuisson parfaite, ne cessant de le remuer. Quand il est entièrement cuit, on l'ôte du feu, on le laisse un peu reposer, puis on le serre dans des pots. Rien, comme vous le voyez, n'est moins difficile à faire que cette espèce de confiture, qui est d'une grande ressource pour fournir aux collations des domestiques les jours de jeûne. Nous en ferons cet été, ainsi que des abricots, des pêches, des prunes de reine-claude, des cerises à l'eau-de-vie et des ratafias. Vous gagnerez, sur ces objets, au moins la moitié du prix; et vous gagnerez aussi sur la qualité, en employant la méthode suivante.

Abricots à l'eau-de-vie.

Faites blanchir vos abricots; quand ils fléchissent sous les doigts, retirez-les avec une écumoire, et mettez-les dans de l'eau fraîche.

Clarifiez cinq livres de sucre pour un cent d'abricots; choisissez un vase bien propre; mettez-y un à un vos fruits, pour qu'ils ne s'écrasent pas, et placez-y le sucre, en ayant soin qu'il soit plus que tiède; mettez soir et matin, pendant quatre ou cinq jours, les abricots égoutter sur un tamis; faites bouillir le sucre, que vous écumerez toutes les fois; ensuite remettez vos prunes dans votre vase, et le sucre par-dessus, toujours un peu plus que tiède.

Si le sucre n'est pas assez en sirop à la dernière cuisson, faites-le cuire encore, en y mettant deux verres d'eau pour le dégraisser, et le jetez tout bouillant sur les abricots. Mettez-les ensuite sur le feu; quand ils bouilliront, jetez-y une pinte d'eau-de-vie; faites-leur faire encore un bouillon, et placez-les dans des pots.

Ayez soin, quand vous jetterez votre eau-de-vie dans les abricots, de retirer la poêle de dessus le feu; si, malgré cette précaution, le feu y prenait, couvrez-la avec un torchon blanc mouillé, et le feu s'éteindra.

On emploie cette même méthode pour les cerises, les pêches, les prunes, et les poires de rousselet à l'eau-de-vie.

Ratafia de cerises.

Prenez de bonnes cerises bien mûres, retirez-en la queue et les noyaux, mêlez-y un peu de framboises; écrasez le tout ensemble, jetez-le dans une cruche bien propre, et l'y laissez quatre ou cinq jours, durant lesquels vous aurez soin de remuer le marc à deux ou trois reprises, pour lui faire prendre une belle couleur et du goût; vous presserez ensuite le marc, de manière à en tirer tout le jus. Sur trois pintes de jus, vous emploierez deux pintes d'eau-de-vie, un quarteron de sucre: puis, concassant trois poignées de noyaux de cerise, vous mettrez le tout infuser dans la même cruche, avec une poignée de coriandre, un peu de cannelle, et le remuerez chaque matin pendant sept ou huit jours; vous le passerez après à la chausse, et le placerez dans des bouteilles bien bouchées, que vous porterez à la cave.

Ratafia de fruits rouges.

Prenez deux livres de cerises, ôtez-en les queues et les noyaux ; ajoutez-y une livre de groseilles, une de guignes noires, une de framboises, une de mûres ; écrasez tous ces fruits ensemble, mettez-les dans une cruche avec leur jus et les noyaux de la moitié des cerises que vous aurez pilés ; laissez cuver le tout ensemble pendant trois jours ; passez ensuite le jus dans un tamis, remettez-le dans la cruche avec une portion égale d'eau-de-vie, un quarteron de sucre et un bàton de cannelle. Laissez infuser ce ratafia deux mois ; ensuite tirez-le au clair, et le mettez en bouteilles.

Vespétro.

Prenez une bouteille de gros verre ou de grès ; qui tienne un peu plus de deux pintes ; jetez-y deux pintes d'eau-de-vie ;

mettez-y, après les avoir concassés, deux gros de graine d'angélique, une once de graine de coriandre, une bonne pincée de fenouil, autant d'anis; ajoutez-y le jus de deux citrons avec les zestes des écorces, une livre de sucre, et laissez infuser le tout dans la bouteille durant quatre ou cinq jours; remuez-la de temps en temps pour faire fondre le sucre, ensuite passez la liqueur par le coton ou par le papier gris, et versez-la dans des bouteilles que vous aurez soin de bien boucher.

Ratafia de fleurs d'orange.

Mettez une livre de sucre dans une poêle avec un verre d'eau; faites bouillir et remuez jusqu'à ce que, trempant l'écumoire dedans, et soufflant au travers des trous, il en sorte de grosses étincelles de sucre; ôtez-le du feu; jetez y une demi-livre de fleurs d'orange; faites-les bouillir deux ou trois bouillons avec le sucre; ôtez-les du feu et les couvrez bien ; laissez-les dans le sucre cinq ou six heures ; ensuite, vous les remettrez sur un petit feu avec une pinte d'eau-de-vie, et les y laisserez seulement le temps nécessaire au mélange du sucre et de l'eau-de-vie ; passez, après, votre ratafia dans une serviette, et le versez dans des bouteilles. Pour conserver les fleurs d'orange qui ont servi à faire votre ratafia, vous les pressez fortement ; ensuite vous mettez dans une poêle une demi-livre de sucre avec un peu d'eau ; vous le faites bouillir, et l'écumez jusqu'à ce que, trempant deux doigts dans de l'eau, les mettant dans le sucre et les trempant dans l'eau fraîche, le sucre qui tient à vos doigts se casse net ; alors vous jetez dedans les fleurs d'orange, et leur faites faire un petit bouillon ; vous les retirez ensuite du feu, et les remuez toujours jusqu'à ce que le sucre devienne en poudre ; et les placez après sur un tamis, en ayant soin de poser un vase dessous, pour ne pas perdre le sucre qui passe au travers. Ces fleurs d'orange, serrées dans un endroit sec, ne se gâtent pas, et vous servent pour des crèmes et pour tous les mets où l'on emploie des fleurs d'orange hachées.

Ratafia de bigarades et de citrons.

On suit la même méthode pour ces deux ratafias. Prenez huit bigarades ou huit citrons ; pelez-les légèrement sans anticiper sur le blanc ; coupez cette pelure en petits zestes, et mettez ces zestes dans une cruche avec une chopine d'eau-de-vie ; faites-les infuser ensemble pendant trois semaines ; ensuite jetez une livre de sucre dans une poêle avec un demi-setier d'eau ; faites-les bouillir ensemble et bien écumer ; versez-les dans la cruche avec de l'eau-de-vie, et les laissez infuser douze ou quinze jours ; passez-les ensuite, et les mettez en bouteilles. Ce ratafia, gardé plusieurs années, devient délicieux.

Les fruits à amandes, ou les amandes des noyaux, et plusieurs substances qui offrent un goût, un parfum agréable, se mettent en dragées et font aussi partie des provisions. On peut encore moins se dispenser, lorsqu'on tient une maison opulente, de s'approvisionner des liqueurs qui se fabriquent dans les seuls lieux en possession de leurs matières premières. De ce nombre sont le *marasquin* de *Zara*, le *kirschwasser*, le *rum*, le *ruffia*, le *rach*, et les *liqueurs des îles*.

Voilà, je crois, ajouta mademoiselle de Folleville, tout ce qui compose les provisions annuelles. — Bon, répondit Camille. Et le vin, vous n'en avez point parlé! — Ah! vous avez raison; mais, à dire la vérité, j'en parlerais très-mal : j'étais trop jeune pour me mêler des détails de la cave dans le temps de notre fortune, et depuis je n'ai jamais eu de provision de vin. Notre bon curé m'en cédait de temps à autre quelques bouteilles pour mon père; moi, je n'en buvais pas. Ce mot pénétra le cœur de Camille. L'entretien des deux amies prenait un tour fort triste, quand un domestique vint, de la part de la comtesse, dire à Camille que plusieurs personnes, parmi lesquelles se trouvait Malvina, l'attendaient au salon.

CHAPITRE XX.

Les Visites du jour de l'an.

Le grand deuil que portait encore mademoiselle de Folleville l'empêchait de paraître dans le monde ; elle alla tenir compagnie à madame Mallebois qui, se trouvant un peu incommodée, s'était retirée dans sa chambre ; et Camille descendit rejoindre la société.

Bon Dieu ! comme tu parais sérieuse ! lui dit Malvina en courant au-devant d'elle ; à quoi donc rêvais tu là-haut ? Allons, déride-toi, et viens m'assister de tes conseils. — Sur quoi ? lui demanda Camille. — Ne le devines-tu pas ? sur l'achat d'une robe. Le jour de l'an arrive, il faut rendre des visites aux grands parens, aux amis ; je veux paraître dans la toilette la plus élégante et la plus fraîche. Je m'en rapporterai à ton goût :

Visite du Jour de l'an.

car, en dépit de ta gravité qui quelquefois m'impose, je ne connais personne aussi habile en modes que toi.

Malvina passa plus d'une heure à parler de parure, avant d'avoir pu se décider sur le choix de la robe qu'elle voulait acheter. Cette conversation ennuyant Camille, elle dit quelques mots contre l'insipide habitude d'aller, à un jour marqué, rendre visite à des personnes qui n'entendent souvent parler de vous que ce seul jour dans l'année. Tu as tort ma fille, reprit avec douceur la comtesse, de blâmer un usage accueilli par tous les peuples et consacré par les siècles. Les antiques coutumes, nées presque toujours d'un sentiment religieux, ont je ne sais quoi de respectable et de touchant qui me les fait aimer. Parmi ces coutumes une des plus anciennes est celle de souhaiter la bonne année, et de présenter à cette époque des dons appelés *étrennes*.

L'origine des étrennes remonte au règne de Tatius, roi des Sabins, qui gouverna Rome conjointement avec Romulus.

Tatius ayant reçu, le premier jour de l'année, comme un bon augure, des branches d'arbres coupées dans un bois consacré à la déesse *Strenna*, déesse de la force, donna à ce présent le nom de *strena*, ce qui signifie en français *étrennes*. Il permit qu'à l'avenir on lui offrît des présens au retour de chaque nouvel an, et continua de les nommer *strena*, à cause de la même déesse, qui présidait à la cérémonie des *étrennes*.

Numa Pompilius, ce sage législateur, perpétua l'usage des étrennes chez le peuple-roi, comme un moyen de civilisation. Bientôt les Romains firent du premier jour de l'an un jour de fête solennelle, qu'ils dédièrent au dieu *Janus*; ils représentaient ce dieu avec deux visages, comme regardant l'année passée et l'année où l'on entrait. Ce jour-là, ils se souhaitaient mutuellement une heureuse année, ils s'envoyaient en présens des figues, des dattes, des palmièrs et du miel, emblèmes des vœux que chacun se faisait réciproquement pour passer une vie agréable et douce. On recouvrait ordinairement les figues et les dattes de feuilles d'or. Les cliens, c'est-à-dire, les personnes placées sous la protection des grands, joignaient à ces étrennes qu'ils portaient à leurs patrons quelques pièces d'argent.

Sous Auguste, le peuple, les chevaliers, les sénateurs, lui présentaient en grande pompe des étrennes; et, lorsqu'il était absent de Rome, ils les déposaient au Capitole. La valeur des étrennes s'employait à acheter les statues de quelques divinités.

Les Grecs empruntèrent cet usage des Romains.

A la Chine, les trois premiers jours de l'année se passent en réjouissances publiques. Chacun revêt des habits magnifiques; on célèbre des jeux, des danses, des spectacles de toute espèce. On donne des festins splendides ; on fait des présens à ses amis, à ses parens, à ses protecteurs.

Pourquoi ne fêterions-nous pas aussi le retour de l'année avec une sorte de pompe? Pourquoi n'emploierions-nous pas le premier jour à visiter nos parens, nos supérieurs, nos amis; à leur offrir nos vœux pour leur bonheur et pour leur prospérité? Ces devoirs, que le respect impose envers les uns, que le cœur dicte envers les autres, resserrent les liens sociaux et cimentent les attachemens de famille. N'est-ce pas un doux spectacle de voir une aïeule vénérable entourée de ses enfans et de ses petits-enfans qui, de concert, élèvent leurs voix au ciel pour le prier de la leur conserver, et semblent lui assurer qu'une année de plus sera ajoutée aux nombreuses années qu'elle a déjà parcourues! Cet intervalle si court, en le comparant à une longue vie, est un siècle d'espérance pour la vieillesse, qui, semblable à l'enfance, n'embrasse jamais qu'un seul point dans l'espace. D'ailleurs, cette journée employée aux réunions de famille a beaucoup de charmes pour les tendres cœurs, qui vivent autant des souvenirs du passé que des plaisirs présens. Pour moi, je n'ai jamais oublié que mon aïeule m'a donné les premières étrennes que j'aie reçues. C'était une tasse en vermeil, je l'ai conservée avec soin, je prends mon déjeuner dedans chaque premier jour de l'année, et j'espère, ma Camille, que cette petite portion de mon héritage ne sera pas celle qui aura le moins de prix à tes yeux. Quand je ne serai plus, je souhaite que tu te serves à ton tour de cette tasse, le premier jour de l'an : entends-tu, ma fille? — Oh! mon Dieu, maman, s'écria Camille, quelle funeste image vous me présentez! et combien je me repens d'avoir paru blâmer une coutume qui m'est chère sous plus d'un rapport! C'est la première fois que mes paroles se trouvent en contradiction avec mes sentimens; ce sera la dernière.

En cet instant arriva M. Dorrifourth. Je viens, dit-il, du Palais-Royal; jamais les marchands n'ont étalé aux yeux tant de richesses. Je me suis amusé, comme un enfant, à visiter toutes leurs boutiques, et j'ai acheté quelques bagatelles pour envoyer à la fille de mon correspondant de Londres. Malvina ayant exprimé le désir de voir les acquisitions de M. Dorrifourth, il ordonna à son valet de chambre de les faire apporter. Elles consistaient en étoffes de fantaisie, en mousselines, en dentelles. Quand les dames en eurent tour à tour déployé chaque pièce, elles trouvèrent sous la dernière une boîte en bois d'acajou, fermée à clef. Malvina s'empressa de l'ouvrir; elle contenait le volume des *Oraisons funèbres* de Bossuet, sur la reliure duquel se voyait, en superbes diamans, le chiffre de madame de Melzi; l'Imitation de J.-C. avec le chiffre en diamans de madame Mallebois ; et deux cœurs, aussi en diamans, avec les chiffres unis de mesdemoiselles de Folleville et de Melzi. On loua le goût et la magnificence de M. Dorrifourth ; on remit de nouveau l'entretien sur la fête du jour de l'an, et tout le monde s'accorda à penser que c'était une des meilleures institutions sociales.

CHAPITRE XXI.

La Cave.

Le moyen que M. Dorrifourth avait employé pour offrir des étrennes d'un grand prix à mademoiselle de Folleville, n'avait pas permis à la jeune orpheline d'en rejeter l'hommage. J'ai accepté le présent de votre ami, dit-elle à la comtesse ; mais la situation de ma fortune ne me permettra jamais de porter ce bijou, qui vaut à lui seul plus que tout mon héritage. — Peut-être, répondit la comtesse, retrouverez-vous un jour plus de richesses que vous n'en avez perdues. Mademoiselle de Folleville rougit, et la comtesse ne poussa pas plus loin cette conversation.

Les visites du jour de l'an empêchèrent, pendant environ un mois, Camille de se livrer à ses occupations domestiques avec autant d'assiduité qu'à son ordinaire; mais, au bout de ce temps, elle s'y remit toute entière, et pria M. Dorrifourth de la diriger dans ses achats en vins.

Aucune liqueur, répliqua ce dernier, ne se falsifie avec autant de facilité, et ne nous expose à courir un péril plus grave et plus continuel. Les vins achetés chez les marchands de vin sont rarement naturels, et deviennent en quelque sorte des poisons. En conséquence, il faut, autant qu'on le peut, tenir son vin d'un propriétaire en vignes.

La Bourgogne vous offre des vins légers et salutaires, de plusieurs qualités et de plusieurs prix. L'Orléanais fournit des vins plus solides, plus durables, mais en général inférieurs à ceux de la Bourgogne. Les vins de Champagne, de Bordeaux et de Roussillon sont une sorte de luxe, ainsi que les vins muscats de vos provinces du midi. L'Espagne nous donne le malaga et d'autres vins; le Portugal, les vins de Porto. L'Allemagne recueille des vins froids très-estimés, appelés vins du Rhin. Le vin de Madère nous vient de l'île de ce nom, qui est voisine de l'Afrique. Le nombre et la variété des vins sont innombrables. Néanmoins le possesseur d'une immense fortune est, en quelque sorte, obligé d'en réunir dans ses caves des assortimens complets.

Toutes les personnes qui tiennent table, s'approvisionnent de différens vins, en proportion de leur opulence : avec de l'intelligence et des soins, il est possible d'introduire à sa table le luxe des vins sans se jeter dans une dépense trop considérable : un repas modeste, où l'on boit du bon vin, a cent fois plus de prix qu'un repas somptueux où l'on boit du mauvais vin.

Assurez-vous un correspondant fidèle dans les lieux d'où vous voudrez tirer vos vins. Recommandez-lui de placer dans ses tonneaux la petite bouteille contenant l'échantillon; de faire bien conditionner ses futailles; d'emballer à double bois celles qui méritent ce soin; et surtout de se confier à un voiturier exact et probe. Les voituriers sont sujets à caution; rarement leur sonde fatale se refuse à satisfaire au moins leur curiosité. Combien de fois, la sonde rencontrant une double futaille, et le double trou ne pouvant être rebouché, le vin précieux n'a-t-il pas fui jusqu'à la dernière goutte! Combien de charretiers n'ont-ils pas payé leur écot sur la route avec le vin qu'ils conduisaient! Heureux quand l'eau n'a pas remplacé ces pertes, et que la portion de vin qu'on vous amène est encore saine et bonne! La crainte de devenir la dupe de ces tricheries décide beaucoup de personnes à faire leurs achats sur le port. On y trouve d'ailleurs l'agrément du choix : il n'est aucune espèce, aucune qualité de vin, soit nationale, soit étrangère, qu'on ne puisse s'y procurer. La halle aux vins et les marchands en gros renommés nous offrent les mêmes avantages ; mais, comme la pièce de monnaie, la pièce de vin ne change jamais de propriétaire sans éprouver quelque altération, et depuis le moment où elle débarque sur le port jusqu'à celui où elle passe dans la cave du marchand, ou dans celle du consommateur, elle court plus d'un danger; il faut un goût très-fin et très-exercé pour ne pas se laisser tromper dans ce genre d'acquisition. Le vin vieux étant le plus cher, les personnes économes achètent souvent du vin qui a besoin d'être attendu : alors il faut le placer dans une cave qui ne soit ni trop sèche ni trop humide : la première brûle les tonneaux, les disjoint, et vous expose à perdre en partie votre vin; dans l'autre, les tonneaux moisissent, et le vin tourne à l'aigre.

On pose les pièces de vin sur des chantiers qui les élèvent au-dessus du sol : cette méthode est à la fois salutaire et commode. Une précaution encore essentielle à prendre, est de remplir les tonneaux à mesure que le bois, séché par l'air intérieur, consomme une portion du vin. Lorsqu'on doit le garder long-temps en tonneaux, il est prudent de les maintenir par plusieurs cercles de fer. Quelques jours avant celui où l'on veut mettre le vin en bouteilles, on le colle avec des blancs d'œufs fouettés, et l'on dispose le tonneau avec la canelle, de manière à ce qu'il n'éprouve aucun mouvement qui puisse rendre le vin trouble. On rince et on égoutte avec soin les bouteilles, on se pourvoit de bouchons neufs, les vieux bouchons pouvant altérer la qualité du vin ; il faut aussi le boucher très-ferme, pour qu'il ne s'évente pas. Les bouteilles qui contiennent des vins mousseux, doivent être ficelées avec du fil de fer. On enduit de cire ou de poix les bouchons des bouteilles où sont des vins de liqueur. On les range en pile sur un lit de sable ; on les couche afin que le bouchon soit toujours mouillé par le vin ; on les sépare avec des lattes, pour éviter qu'elles ne se froissent l'une contre l'autre, et l'on soutient les piles des deux côtés par des murs ou par des appuis solides. Quelques vins de liqueur s'enterrent debout dans le sable; les vins mousseux s'y enterrent couchés, pour les entretenir dans une fraîcheur qui les empêche de casser les bouteilles.

On doit faire attention à ce que le vin soit apporté sur la table sans être secoué. Quand il est sujet à former des dépôts, il est nécessaire de le transvaser de temps en temps.

Le nettoyage des bouteilles vides est très-important, ainsi que le soin de les faire reporter dans le lieu qui leur sert de magasin : le cassage ou le vol des bouteilles entraîne à de grandes dépenses.

Les personnes économes et soigneuses gardent en général la clef de leur cave, et descendent chaque jour elles-mêmes y charger la quantité de vin nécessaire à leur consommation. Quand on ne peut se livrer constamment à tous les détails de sa cave, il ne faut confier la sienne qu'à un homme sûr et vigilant. Si cela vous est agréable, je me chargerai de la vôtre.

Vous me tirerez d'un grand embarras, répondit Camille; je vous avouerai franchement que je me sens incapable de conduire avec succès cette partie du ménage.—Ce n'est guère, non plus, l'affaire des femmes, répliqua M. Dorrifourth; cependant il n'est pas inutile qu'une maîtresse de maison s'en occupe quelquefois. Ainsi, vous me surveillerez et vous me gronderez si je ne remplis pas bien ma charge de sommelier.

CHAPITRE XXII.

L'Anniversaire d'une aïeule.

Les hommes les plus parfaits ont toujours un côté faible. M. Dorrifourth, de mœurs simples et pures, ne dédaignait peut-être pas assez les plaisirs de la table, et faisait peut-être un peu trop de cas du bon vin. Il ne fut donc pas fâché de se charger d'un emploi qui s'accordait avec son penchant, et qui l'associait aux occupations de Camille : sous le prétexte de lui rendre compte de sa gestion, il venait chaque matin causer quelques momens avec elle. Il trouvait un charme indéfinissable dans ces entretiens, où mademoiselle de Folleville ne manquait jamais de se mêler. Madame de Melzi s'apercevait, avec satisfaction, de l'empire que la jeune orpheline prenait à son insu sur M. Dorrifourth, et favorisait secrètement ses progrès.

La fête d'une aïeule.

Quant à mademoiselle de Folleville, elle soupçonnait d'autant moins qu'il entrât autre chose que de la bienveillance dans l'attachement que lui témoignait M. Dorrifourth, qu'il gardait vis-à-vis d'elle une réserve qu'il ne gardait pas vis-à-vis de Camille. Une circonstance devait bientôt l'éclairer sur le sentiment qu'elle lui inspirait.

Madame Mallebois se sentant un soir très-tourmentée par des douleurs rhumatismales, M. Dorrifourth lui indiqua un remède dont il vanta l'excellence. Bon ! répondit-elle, il est un âge où l'on ne guérit plus! Savez-vous que j'entrerai, le mois prochain, dans ma soixantième année ? — Eh bien ! cet âge est loin encore de la vieillesse, répliqua M. Dorrifourth. — Ne nous abusons pas, il en approche fort, dit madame Mallebois. M. Dorrifourth regarda mademoiselle de Folleville, et soupira. On n'est jamais vieux, tant que l'on est aimable, reprit la comtesse ; ce n'est point l'âge, mais la perte des facultés qui constitue la vieillesse ; et j'ai vu des hommes d'un âge déjà avancé plaire mieux que de jeunes gens. Voilà, s'écria naïvement Camille, le discours que me tenait hier mademoiselle de Folleville! M. Dorrifourth porta sur l'orpheline un regard où se peignait la plus vive reconnaissance. Elle rougit; et l'embarras marqué qu'elle montra fit tomber l'entretien. La comtesse le renoua, en disant : Je me suis toujours étonnée qu'on ne suivît pas en France l'usage adopté en Allemagne, où l'on prend, pour célébrer ses parens et ses amis, l'époque de l'anniversaire de leur naissance.—En effet, répliqua Camille, le jour qui nous les donna est une véritable fête. A peine ces mots furent-ils sortis de sa bouche, qu'elle regretta de les avoir prononcés; mais il survint des visites : on discuta sur une comédie nouvelle, et Camille ne craignit plus qu'on eût deviné ses desseins.

Lorsqu'il ne resta plus dans le salon que

M. Dorrifourth et mademoisselle de Folleville, Camille leur dit : J'ai conçu l'idée de fêter mon aïeule le jour de l'anniversaire de sa naissance; c'est remplir un désir de ma mère, et surprendre agréablement ma bonne-maman. J'ai compté sur vous pour m'aider dans cette entreprise. Mon aïeule aime la musique ; je voudrais lui donner un concert. — Cela ne sera pas difficile ; je trouverai autant de musiciens qu'il faudra pour en composer un charmant, répondit M. Dorrifourth. — Je voudrais surtout, ajouta Camille, avoir quelques jolis couplets qui fussent l'expression de mon amour pour elle. — Cela n'est pas si aisé, répondit M. Dorrifourth ; ces sortes de vers sont presque toujours mauvais ; pour moi, j'aime mieux un simple mot de tendresse sorti du cœur, que ces longs et fades couplets, où l'auteur met son esprit à la place du sentiment. — Monsieur a raison, répliqua mademoiselle de Folleville ; une jolie chanson de fête est une bonne fortune très-rare à rencontrer. —

Eh bien ! dit Camille, je renonce à la chercher. Je me consolerais, ajouta-t-elle, si je pouvais ouvrir le concert par l'air de harpe qui fait toujours tant de plaisir à mon aïeule, parce qu'il est de la composition de maman. L'embarras est de me le procurer ; la modestie de maman s'est refusée à en laisser prendre copie, et jamais même elle n'a voulu exécuter cet air qu'en famille.—Tâchez, répliqua mademoiselle de Folleville, qu'elle le fasse entendre devant moi, et l'obstacle sera levé.—Seriez-vous musicienne ? pinceriez-vous de la harpe ?—Assez pour remplir votre intention. Camille se rappela la réponse de mademoiselle de Folleville relativement aux provisions de la cave, et se garda de lui adresser une seconde question. On continua à s'entretenir des préparatifs de la fête ; l'on ne se sépara qu'après s'être accordé sur chaque point ; et Camille, sous prétexte de l'air que son amie se chargeait d'exécuter, lui offrit une superbe harpe que

M. Dorrifourth acheta chez le plus célèbre luthier.

Le jour attendu avec tant d'impatience étant arrivé, Camille et mademoiselle de Folleville parèrent le salon de guirlandes de fleurs, qui toutes formaient ou de tendres emblèmes, ou les chiffres de madame Mallebois; mademoiselle de Fol leville ouvrit le concert ainsi qu'il étai convenu. Son exécution brillante et pur enchanta tous les auditeurs. La comtess elle-même fut obligée de se souvenir de l part secrète qu'elle avait aux applaudis semens prodigués à la jeune orphelin pour ne pas y joindre les siens.

Camille avait fait préparer un soupe magnifique. Les toasts portés à la boun aïeule, les chansons du bon vieux temps' animèrent les convives d'une douc gaîté. Quand M. Dorrifourth s'aperçu qu'elle baissait un peu, il claqua dans se mains, et tout à coup entrèrent avec un lanterne magique deux aimables chan sonniers. Ils firent passer tour à tou dans la lanterne le portrait à la silhouette de chaque dame de la société, en chantant un couplet en leur honneur. Cette galanterie, imaginée par M. Dorrifourth, plut à tout le monde, et termina la fête agréablement.

L'assemblée se retira à deux heures du matin; alors la famille reconduisit madame Mallebois dans son appartement. Des transparens le décoraient; au milieu se trouvait un tableau allégorique; ce tableau, ouvrage de mademoiselle de Folleville, était d'une bonne composition, et d'un dessin facile. Que de talens vous nous cachiez, s'écria M. Dorrifourth, en même temps que vous déployiez tant de vertus! Heureux l'homme!..... Mademoiselle de Folleville, satisfaite et confuse de cette exclamation, souhaita d'une voix émue le bonsoir à ses amies, et chacun se retira plein d'un sentiment délicieux.

CHAPITRE XXIII.

Les Beaux-Arts.

Vous avez éveillé un nouveau désir dans mon cœur, dit Camille à son amie, aussitôt qu'elle se retrouva seule avec elle : j'ambitionne aujourd'hui non-seulement de vous égaler en vertus, mais encore de vous égaler en talens. La culture des beaux-arts ne vous a point empêchée de remplir les devoirs domestiques. Pourquoi ne me livrerais-je pas à la noble émulation de vous ressembler en tout? Ne consentirez-vous pas à m'enseigner la musique et le dessin? — J'y trouverai beaucoup de charmes, répondit mademoiselle de Folleville ; ce sera m'unir à vous par un lien de plus. — Je serais contente, reprit Camille, si je pouvais à la fête de maman, qui arrive dans deux mois, lui faire entendre un air sur la harpe. — Je me garderai bien de vous encourager à suivre cette idée, répondit mademoiselle de Folleville; dans la musique, comme dans les autres arts, il ne faut chercher de succès qu'après une longue étude des principes: une demi-instruction est plus nuisible qu'utile. — Voulez-vous apprendre la musique vocale: solfiez long-temps, habituez-vous à prononcer les tons avez justesse, et à pleine voix, avant de vous permettre d'y joindre des paroles; on a besoin de posséder presque autant de musique pour chanter en mesure avec justesse et précision la plus petite romance, que pour chanter l'ariette la plus difficile. Quant aux broderies qu'on répand dans le chant, elles ne sont qu'un jeu pour la musicienne d'un goût exercé.

Il en est de la musique instrumentale comme de la musique vocale. L'élève doit s'étudier long-temps à jouer des deux mains les gammes dans toutes les modulations avec la plus parfaite égalité, avant de s'essayer à jouer de grandes pièces. Quand il est parvenu à une certaine force, il faut apporter la plus grande attention à regarder toujours sa musique, et jamais ses mains; à ce qu'il n'apprenne rien par cœur, et qu'au lieu de chercher à perfectionner l'exécution de quelques morceaux, il passe sans cesse à de la musique nouvelle, afin de se rompre à toutes les difficultés.

Les positions différentes ne sont pas très-nombreuses; mais leurs combinaisons varient prodigieusement, et c'est à les saisir de quelque manière qu'elles se présentent que consiste l'art; il ne s'acquiert que par l'habitude.

Quelques maîtres accompagnent leurs élèves avec un violon. Cette méthode ne me semble pas bonne; outre-que le son de cet instrument couvre les fautes de l'écolier, il le distrait de sa propre étude; et quelquefois alors le maître s'occupe trop de son jeu pour faire attention à celui de son élève. Souvent aussi les maîtres se pressent trop d'enseigner l'accompagnement : s'il est simple, il rend la main paresseuse ; s'il est riche, il conduit à négliger le chant ; il faut s'être assuré séparément de la science de son élève sur chacun de ces points, avant de lui permettre de s'en occuper à la fois.

Le chant à deux parties est très-utile ; il force l'élève à développer sa voix, à observer la mesure, à suivre la voix de celui qui l'accompagne, à modifier la sienne, et devient par conséquent un des exercices les plus utiles à l'achèvement de l'instruction.

Il est bon ensuite de faire sa partie dans des concerts ; la nécessité où l'on se trouve de suivre le mouvement de l'orchestre pour ne pas nuire à l'exécution des autres concertans, fait acquérir à la main ou à la voix de l'aplomb, de la hardiesse, de l'éclat et de la précision.

Une demoiselle bien élevée ne se donne cependant jamais en spectacle ;

elle ne consent à chanter ou à jouer d'un instrument que dans les concerts de famille; elle n'assiste aux autres qu'en qualité de simple spectatrice, et seulement pour se pénétrer de l'exécution des grands artistes, qui l'instruit mieux que toutes les leçons.

Combien d'obstacles à vaincre! reprit Camille.—Eh quoi! vous effraient-ils déjà au point de vous détourner d'un projet aussi agréable pour moi?—Je me crains moi-même; je n'aime rien qu'avec transport, et votre dernière observation m'engage à renoncer à l'étude de la musique; si j'y prenais goût, elle me détournerait des devoirs domestiques; si je ne m'y livrais que froidement, je n'apprendrais rien; ainsi, il vaut mieux ne pas m'en occuper. — Du moins, je l'espère, vous ne renoncerez pas au dessin; cet art n'offre pas les mêmes inconvéniens; outre qu'on peut le cultiver dans la solitude, il nous fournit des jouissances à toutes les époques et dans toutes les situations de la vie. Parvient-on à s'y rendre habile : il présente une ressource dans le malheur. N'en faisons-nous qu'un simple objet d'amusement ; quel avantage ne nous donne-t-il pas pour tracer une broderie, pour disposer avec grâce une coiffure, les plis ou la forme d'une robe ! Le dessin inspire le goût de la symétrie, de l'ordre, de la propreté, et nous habitue à prêter à tout de l'élégance.

Les femmes ne peuvent prétendre à s'illustrer dans la haute peinture. Celles qui ont joui de cet honneur sont en petit nombre, et forment une classe à part ; la modestie de notre sexe nous fait une loi de ne pas envier leur gloire et de ne pas chercher à la partager : leur genre de succès exige des études qui ne nous conviennent pas ; mais il ne nous est pas défendu d'aspirer à nous placer au premier rang parmi les peintres de fleurs, de paysage, ou de portrait.

La culture du dessin est surtout agréable

à la campagne ; elle nous fait à chaque instant découvrir de nouvelles beautés dans la nature. Quel plaisir ne trouve-t-on pas à retracer sous son crayon les sites délicieux que l'on a parcourus ! avec quel charme ne voit-on pas renaître sous son pinceau les fleurs, ornement de nos parterres et délices de nos yeux ! cependant ces douces jouissances sont encore faibles auprès de celles qu'on goûte à retracer l'image d'une mère, d'une bienfaitrice, d'une amie. —C'est un art divin, répliqua Camille ; on ne saurait trop payer le bonheur qu'il procure : chère Annette, enseignez-le-moi, aucune difficulté ne me rebutera.

Le moyen de n'en point rencontrer d'invincible, reprit mademoiselle de Folleville, est d'étudier avec soin les principes du dessin : soit qu'on se destine à peindre le paysage, les fleurs, ou le portrait, il faut toujours commencer par dessiner la figure ; elle réunit en elle seule toutes les formes, tous les contours ;

et, quand on est parvenu à la dessiner parfaitement, on a vaincu les plus grandes difficultés de l'art, toutes les autres cèdent promptement au travail.

Tous les moyens qu'on emploie pour dessiner sont bons, lorsqu'on parvient à bien remplir l'objet qu'on s'est proposé. Mais les crayons les plus usités sont la sanguine, ou crayon rouge; la pierre noire; la mine de plomb; l'encre de la Chine, qui s'emploie avec la plume pour dessiner, et avec le pinceau pour ombrer; les pastels, par leurs différentes couleurs, servent à indiquer les tons qu'on a remarqués dans la nature. On fait aussi des dessins plus ou moins agréables sur des papiers ou sur des toiles coloriés: on choisit pour cela les fonds qu'on croit les plus propres à l'objet qu'on veut représenter.

Tous ces dessins prennent des dénominations particulières, suivant qu'ils sont différemment tracés. Le *dessin au trait* est celui qui, sans avoir aucune ombre, est fait au crayon et à l'encre. Le *dessin haché*, est celui dont les ombres, tracées avec la plume, le crayon ou le burin, sont exprimées par des lignes sensibles, et le plus souvent croisées. Le *dessin estompé* est celui dont on frotte le crayon pour former les ombres, afin qu'il n'y paraisse aucune ligne. On appelle *dessin grené* celui où l'on voit des grains du crayon, et où l'on ne frotte point les lignes qu'il a formées. Le *dessin lavé* a ses ombres faites au pinceau avec de l'encre de la Chine ou quelque autre couleur. Le *dessin colorié* a des couleurs à peu près semblables à celles qui sont dans l'original.

Pour que tous ces dessins soient estimés, il faut que le dessinateur réunisse la correction, le bon goût, l'élégance, le caractère, la diversité, l'expression et la perspective. La *correction* dépend de la justesse des proportions. Le *bon goût* est une *idée* ou *manière* de *dessin* qui vient de l'inclination et des dispositions naturelles, ou de l'éducation et des études qu'on a faites sous d'habiles maîtres. L'*élégance* donne aux figures quelque chose de délicat qui frappe les gens d'esprit, et un certain agrément qui plaît à tout le monde. Le *caractère* est ce qui est propre à quelque chose. La *diversité* est ce qui distingue chaque espèce de chose par un caractère particulier ; sans elle, un artiste court risque de se répéter. Voilà pourquoi un dessinateur, qui veut atteindre à la perfection de son art, ne saurait trop étudier la nature, qui est elle-même une source inépuisable de variété. L'*expression* est la représentation d'un objet, selon son caractère et selon le tour que le peintre a voulu lui donner dans les circonstances où il le suppose. La *perspective* est la représentation des parties d'un tableau ou d'une figure, selon la disposition où elles sont entre elles par rapport au point de vue.

La liberté que donnent les formes indéterminées du paysage, pourrait faire croire que l'étude de la nature ne serait pas nécessaire pour cette partie. Cependant il est très-facile de distinguer un dessin pris sur la nature, d'avec celui qui est composé d'idée : quelque imagination, d'ailleurs, qu'ait un artiste, il est difficile qu'il ne se répète ; tandis que la nature, toujours féconde et variée, peut lui fournir des sites et des aspects toujours nouveaux : ces objets ne sont jamais bien dessinés s'ils ne sont imités d'après la nature.

— Je conçois parfaitement tout ce que vous me dites, répliqua Camille, et je ne l'oublierai pas ; si vous y consentez, nous travaillerons chaque jour au dessin avant l'heure où nos gens sont levés. Mademoiselle de Folleville accepta la proposition de son amie, et Camille se mit avec beaucoup de zèle à cette nouvelle étude, non par le désir orgueilleux de briller dans la peinture, mais animée par le doux espoir de multiplier sous ses heureux pinceaux l'image de sa mère et celle de son aïeule.

CHAPITRE XXIV.

La Convalescence.

Pendant que les deux jeunes amies charmaient les instans de leurs loisirs par des travaux agréables, la comtesse se demandait pourquoi M. Dorrifourth, toujours plus empressé auprès de mademoiselle de Folleville, ne laissait cependant plus échapper un seul mot qui décelât ses sentimens et ses intentions; cette conduite lui semblait d'autant plus extraordinaire que la jeune orpheline paraissait s'attacher de plus en plus à lui, et, sans s'en apercevoir, lui témoignait des égards particuliers. La comtesse découvrit enfin que M. Dorrifourth, se croyant lié par l'espèce d'engagement qu'il avait pris d'instituer Camille son héritière, pensait ne pouvoir se marier.

Mon ami, lui dit-elle un jour, j'ai

La Convalescence.

maintenant deux filles, vous le savez. L'aînée a vingt et un ans, c'est l'âge de la remettre aux mains d'un époux. Je ne suis pas embarrassée de lui constituer une dot; Camille serait la première à me prier de faire pour sa sœur d'adoption ce que je ferais pour elle-même : mais il n'est pas aisé de choisir un mari digne de mademoiselle de Folleville; aidez-moi de vos conseils. M. Dorrifourth se troubla visiblement; madame de Melzi continua : J'aurais souhaité que mademoiselle de Folleville ne me quittât point, sa société m'est utile et chère. Je m'étais un moment flattée que vous aviez des vues sur elle, alors nous eussions tous été heureux; je suis d'autant plus fâchée de m'être trompée à cet égard, que vous êtes le seul homme qu'elle distingue. — Moi, madame la comtesse? —Vous-même. — Je ne puis le croire. — J'en ai la certitude. — S'il en était ainsi!.... — Eh bien? — Je serais au désespoir. — Au désespoir d'être aimé d'une personne jeune, belle, et parée de toutes les vertus et de tous les talens! y pensez-vous? — Mon testament est fait, j'ai légué tous mes biens à Camille. — Elle les refuse, et signera le contrat de mariage par lequel vous les donnerez à son amie, à sa sœur. — Mais, madame la comtesse, êtes-vous bien sûre que mademoiselle de Folleville?.... — Oh! je n'en fais aucun doute! Bon! je l'entends qui vient avec Camille; vous allez connaître votre sort. — Je vous en conjure, ne lui parlez de rien.

M. Dorrifourth voulait sortir; la comtesse le retint, et, s'adressant à mademoiselle de Folleville, qui entrait dans le salon : Vous venez à propos, ma chère, lui dit-elle, pour terminer un débat qui s'est élevé à votre sujet, entre M. Dorrifourth et moi : il vous aime, il aspire à recevoir votre main, et n'ose vous la demander; il craint un refus : ai-je raison de lui affirmer le contraire? — Madame, répondit l'orpheline, le choix de

M. Dorrifourth m'honore infiniment, je n'ai pour aucun homme au monde antant d'estime que pour lui ; il me sera doux de vivre sous sa protection, surtout si je ne cesse pas de vivre sous la vôtre; un seul regret se joint au bonheur que j'éprouve à le rendre maître de mon sort, celui de n'avoir pas à lui offrir une fortune égale à la sienne.

M. Dorrifourth, dans le ravissement, baisa la main de mademoiselle de Folleville, embrassa Camille, et rendit mille actions de grâces à la comtesse. La bonne aïeule vint s'unir à leurs transports ; on se promit mutuellement de demeurer ensemble, comme par le passé : on fit cent projets délicieux pour l'avenir, et l'on convint de régler, dès le lendemain, les conditions du contrat de mariage qui devait être passé entre M. Dorrifourth et mademoiselle de Folleville.

Mais, le jour fixé pour sa signature, madame Mallebois fut atteinte d'une fluxion de poitrine. A la vive joie qui régnait dans la famille succéda une morne douleur ; si nous perdons mon aïeule, répétait sans cesse Camille, plus de félicité pour nous ; c'est elle qui fait la prospérité de la maison ! Après dix grands jours d'alarmes, de soins et de veilles, madame Mallebois entra en convalescence. Camille, sachant qu'une rechute est toujours funeste, redoubla de surveillance ; se reposant du soin des détails domestiques sur mademoiselle de Folleville, elle ne quittait pas une seule minute son aïeule : c'était elle qui lui apportait ses alimens, elle l'empêchait de passer sur ce point les ordres rigides du médecin, ce qui déplaisait quelquefois à sa grand'maman. Pardonnez-moi, lui disait alors Camille, de vous contrarier ; j'en souffre plus que je ne puis l'exprimer ; mais j'obéis en cela à mon devoir, à ma tendresse ; je fais maintenant pour vous ce qu'en d'autres circonstances vous avez fait pour moi ; quand vous serez revenue en bonne santé, vous me verrez plus que jamais soumise et respectueuse; jusque-là, je garde le commandement.

Quand madame Mallebois commença à marcher dans sa chambre, Camille ne laissa à personne le droit de soutenir ses pas; elle se fâcha, même sérieusement, le premier jour que son aïeule se sentit en état de se rendre au salon commun, de ce qu'on ne voulait pas qu'elle l'aidât seule à descendre l'escalier. Ne tourmentez pas cette chère enfant, dit madame Mallebois, en voyant des larmes couler des yeux de sa petite-fille : laissez-la faire, je ne cours aucun danger avec elle, son adressse lui tient lieu de force, et je vous assure que personne ne me prêterait un aussi solide appui ; ne savez-vous pas d'ailleurs qu'elle est plus intéressée que moi-même à ma propre conservation ? — Oh ! oui, sans doute, répondit Camille en prodiguant mille caresses à son aïeule. Madame Mallebois, conduite en triomphe par sa petite-fille, arriva dans le salon, où la comtesse et mademoiselle de Folleville la reçurent en lui faisant entendre en duo sur la harpe son hymne favori. Ce petit concert lui parut encore préférable à celui du jour de son anniversaire. La convalescence de madame Mallebois donna lieu à plusieurs fêtes de famille, que ne tardèrent point à suivre les fêtes du mariage de mademoiselle de Folleville.

NOTES.

Page 46. — (1 et 2). *Du sucre à la nappe, et au petit cassé.*

Mettez un blanc d'œuf dans une terrine avec un peu d'eau : en fouettant avec des brins d'osier dont on a enlevé l'écorce, vous aurez une eau blanche ; ajoutez-y, en remuant, un verre d'eau fraîche : délayez dans une bassine dix livres de sucre concassé, ou au-dessous, avec la moitié de cette eau, de manière qu'il reste fort épais; puis mettez-le sur le feu : vous le laissez monter deux fois avant de l'écumer, y mettant chaque fois un peu d'eau blanche pour l'apaiser ; le blanc d'œuf, en se cuisant, se charge de toutes les impuretés du sucre, en les attirant et les faisant monter à sa surface. Vous continuez, en écumant, de verser de cette eau jusqu'à ce que vous enleviez une écume blanche ; votre sucre alors étant déjà limpide, au lieu d'eau blanche, vous y versez un verre d'eau claire, pour en faire sortir une dernière écume. Vous retirez votre sucre quand il est à la *nappe*; ce que vous reconnaîtrez en y trempant l'écumoire et la retirant de suite : si, après un tour de main, le sirop s'étend le long de l'écumoire, il est ce qu'on appelle *à la nappe*.

Alors vous passez votre sirop à travers une futaine, appelée *manche* par les confiseurs, après l'avoir suspendue par quatre petits cordons à un rond de fer, fixé au mur à une hauteur convenable.

Mettez ensuite sur le feu les écumes que vous avez retirées : quand elles ont monté trois fois, ayant à chaque fois mis un peu d'eau blanche, vous les retirez, les laissez reposer un moment, après y avoir jeté un peu d'eau fraîche; il s'en détache une écume noire et épaisse que vous enlevez : vous passez la liqueur sirupeuse dans la manche. Comme elle ne se trouve pas assez cuite, vous la remettez sur le feu pour la mettre à la *nappe*, et en composer un sirop quelconque.

PAGES 49, 51. — (3 et 4). *Sucre au petit et grand lissé.*

Après avoir clarifié votre sucre de la manière ci-dessus, le remettant sur le feu, en y ajoutant un peu d'eau fraîche, vous le faites bouillir : vous passez le doigt index sur l'écumoire chargée de sirop, vous l'appliquez sur le pouce ; et, les écartant un peu l'un de l'autre, si vous voyez un petit filet qui se rompt sur-le-champ, et laisse une goutte sur le doigt, vous aurez le *petit lissé ;* si, au contraire, ce filet s'étend davantage sans se rompre, c'est alors le *grand lissé.*

PAGE 52. — (5 et 6) *Sucre au petit et grand perlé.*

Quand votre sucre a bouilli un degré de plus, faites la même épreuve : si le filet acquiert de la consistance, il est au *petit perlé ;* si, en ouvrant entièrement la main, le filet se soutient, c'est le *grand perlé.* L'ouvrier attentif reconnaîtra surtout cette cuite, s'il remarque des espèces de perles rondes et élevées sortir du bouillon.

PAGE 54. — (7). *Sucre au soufflé, ou à la petite plume, ou au petit boulé.*

Ces trois noms désignent la même cuite, qui se reconnaît aux deux effets suivans : après quelques bouillons encore, vous retirez l'écumoire de la bassine, et, l'ayant un peu secouée, vous soufflez à travers les trous ; s'il en sort des étincelles, ou petites bouteilles, le sucre est au *soufflé*, ou à la *petite plume ;* si, ayant trempé votre doigt dans de l'eau fraîche, vous le mettez dans le sucre, et qu'en le reportant aussitôt dans l'eau, crainte de vous brûler, il vous reste au doigt du sucre d'une consistance un peu compacte, c'est le *petit boulé.*

PAGE 55. — (8). *Sucre à la grande plume, ou au grand boulé.*

Cette cuisson a deux effets, comme la précédente : après quelques autres bouillons, si vous soufflez à travers l'écumoire, ou si vous la secouez d'un revers de main, et qu'il en parte de plus longues étincelles, ou boules élevées, dont quelques-unes se tenant ensemble forment une pellicule légère, vous connaissez que le sucre est à la *grande plume*, si, trempant votre doigt dans l'eau fraîche, vous le mettez dans le sucre, et qu'aussitôt, le reportant dans l'eau, il vous reste assez de sucre pour pouvoir l'étendre dans vos doigts, et en former une boulette, vous avez le *grand boulé*.

PAGES 58, 67. — (9 et 10). *Sucre au petit et grand cassé.*

Après avoir continué le bouillon, vous portez votre doigt mouillé, dans le sucre, et, le replongeant vivement dans un verre d'eau fraîche, vous froissez ensuite le sucre entre vos doigts : s'il se casse et tient sous la dent, c'est le *petit cassé*. Si, après un bouillon de plus, et portant de même dans l'eau votre doigt garni de sucre, celui-ci fait un petit bruit en se cassant, et qu'il ne s'attache pas à la dent, vous avez le *grand cassé*.

PAGE 82. — (11). *Le caramel.*

Quelques bouillons après le *grand cassé*, et aussitôt que vous sentez une légère odeur, retirez lestement votre sucre ; il est au degré appelé par quelques-uns le *caramel :* il a alors une couleur roussâtre ; quelques bouillons de plus le brûleraient, et il ne pourrait plus être d'usage. Cette dernière cuisson est particulière, et ne doit s'employer que dans la composition des amandes grillées, et lorsqu'il s'agit de donner de la couleur au sucre.

(*Extrait du Confiseur moderne.*)

FIN DU SECOND VOLUME.

TABLE DES CHAPITRES

CONTENUS

DANS LE SECOND VOLUME.

CHAPITRE XIII.

CHAPITRE XIV.

CHAPITRE XV.

Les Confitures.

Compotes.

Confitures sèches.

CHAPITRE XVI.

CHAPITRE XVII.

CHAPITRE XVIII.

CHAPITRE XIX.

CHAPITRE XX.

CHAPITRE XXI.

CHAPITRE XXII.

CHAPITRE XXIII.

CHAPITRE XXIV.

Fin de la Table du second Volume.

www.ingramcontent.com/pod-product-compliance
Ingram Content Group UK Ltd.
Pitfield, Milton Keynes, MK11 3LW, UK
UKHW020320230726
13925UKWH00002B/525